陳徵毅著

文學叢刊

一書一世界 千里問新知

文史哲出版社印行

國家圖書館出版品預行編目資料

一書一世界　千里問新知 / 陳徵毅著. -- 初版.--臺北市：文史哲，民 98.02
頁：　公分. --（文學叢刊；213）
ISBN 978-957-549-673-9 (平裝)

1.書評

011.69　　98001527

文學叢刊 213

一書一世界　千里問新知

著　者：陳　徵　毅
出版者：文　史　哲　出　版　社
http://www.lapen.com.tw
e-mail：lapen@ms74.hinet.net
記證字號：行政院新聞局版臺業字五三三七號
發行人：彭　正　雄
發行所：文　史　哲　出　版　社
印刷者：文　史　哲　出　版　社
臺北市羅斯福路一段七十二巷四號
郵政劃撥帳號：一六一八〇一七五
電話886-2-23511028・傳真886-2-23965656

實價新臺幣二八〇元

中華民國九十八年（2009）二月初版

ISBN 978-957-549-673-9　08213

陳序——博雅君子，文如其人

很多年前，大學教育還不普及的時代，在大學院校中出現了一本令人驚艷的刊物——《今日生活》，這本雜誌內容豐富，字字珠璣，圖文並茂，美不勝收，有傳統的藝文境界，也有新知的介紹，更難能可貴的是它帶動了校園的博雅教育。莘莘學子與社會人士展讀吸收新知之餘，往往得到良好的啓迪，這本雜誌的主編正是陳徵毅教授。

在偶然機會之中，認識了這位心儀許久的學者，知道他勤勉博學，關心社會、熱愛教育。他教學之餘，最大的興趣是讀書與寫作，他寫作的範圍很廣，有學術專論、文藝論述、時人報導以及當代時事的迴響與評論。

熱愛中國文化的陳教授，特別關心華人世界的好人好事、怡情養性的書畫以及文采豐富的詩文作品，爲了與學生分享他的心得，他寫感動的人與事，報導藝文佳話，也提筆論述當代華人的作家與作品。

陳教授的作品散見於各大報刊，有關報導、評論作家作品的文章則分別刊載在《傳記文學》、《中外雜誌》、《今日生活》、《國語日報·書和人》、《新書資訊月刊》、《台灣立報》，由於他的立論嚴謹，夾敘夾議，頗能探賾作品的菁華，又能中肯評論其人其文，因此得到讀者熱烈的迴響，也獲得文史哲出版社發行人彭正雄先生的青睞，爲之集結成書，書名《一書一世界，千里問新知》。

《一書一世界，千里問新知》這本評論集，所收的作家有四大部分，包含海峽兩岸以及美國、加拿大華人作家的作品，寫作內容有詩、有文，有小說，也有傳記文學，內容豐富多樣，論述精彩，每一篇論評都有可讀性和啓發性。

優異的文學評論，必須有充足的史料，獨到的眼光，精闢的觀點，以及溫柔敦厚的寫作態度，拜讀陳教授的撰述，深刻的感受到他讀書的精勤與行文的用心。

「讀其書，知其人」陳教授對寫作的對象，無論舊識或是新知，對於論述的對象都以最客觀的態度，或褒或貶、或讚嘆或惋惜。如〈《謝東閔傳》評介〉一文對東閔先生的人格特質給以高度的評價；〈評《璩美鳳懺情錄》〉對璩姝陷入情慾與光碟風暴事件之中，卻又出書面對，頗不以爲然，陳教授認爲璩美鳳文筆犀利靈活，不失爲中文系出身的高材生，雖然此書的發行容有商業賣點，卻未必裨益世道人心。

〈評張仁清遺著《揚芬樓文集》〉雖稱許其爲台灣學界國寶，但對不同觀點仍持質疑之態度，且爲文論述，對其退休之後，應文化大學之聘，以致積勞成疾，不幸身亡，深致惋惜之意。

綜觀陳教授徵毅兄之大作，論評當代名人名著，皆精闢中肯，「不溢美、不隱惡」之態度，有史遷之遺風；對作者行文有誤之處，則本《文心雕龍．指瑕》之意，以瑕不掩瑜論之，溫柔敦厚之風範，令人讚佩。我從事教學四十餘年，又擔任研究所所長職務，深知本書有裨益於後進之學習，欣喜拜讀之餘，特樂意爲之序。

台北市立教育大學應用語言文學研究所所長陳光憲謹序

自序——出書前夕感不禁

陳徵毅

近十年來，我在教學餘暇，惟一的嗜好便是讀書，深深體會到林語堂所謂讀書足以增知識、長見聞，除鄙見、養性靈的樂趣。

我讀的範圍很廣，從名人傳記到小說散文，乃至哲理意味之書籍不一而足。

本書所收作家作品，分爲四部分，包括台灣作家：黃碧端、琦君等；大陸作家：老舍、巴金、冰心等；旅港作家：璩美鳳；旅美加作家：馮馮、趙淑敏等。

本書之成書過程各有所別，或爲讀後心有所感，逐一作筆記；或多受到刊物主編逼稿成篇，比如璩姝推出懺情錄當天，報社主編便來電要求我於當晚九時交稿，以便排版付印，害得我一手抓麵包一手執筆，總算於翌日享受到獨家的滋味，不過由於忙中有錯，出現幾個錯別字，總覺有些遺憾。

大致上我近年來投稿的管道有《傳記文學》、《中外雜誌》、《新書資訊月刊》、《今日生活季刊》、《國語日報書和人專刊》、《台灣立報》，儘管各報刊風格互異，多半較爲歡迎言之有物感人心脾的文章。我一本平實的原則，對每一本書從頭讀到尾，第一次由藍筆加眉批，第二次再用紅筆批註，一般而言每篇文稿皆須經歷三道手續，先打草稿，再行修飾，而後加以謄寫，有些刊物如《今日生活》、《傳記文學》、《新書資訊月刊》要求電腦打字，我對電腦一竅不通只好央求學生代勞，好在《中外雜誌》和《國語日報書和人專刊》都還接受手寫稿，否則我恐怕大嘆無用武之地了！

從事書評寫作多年，發覺兩項邊際效益：

其一，找回昔日的多年窗友：某日我在國語日報書和人專刊評介昔日業師林亨泰的新詩作品，文中提到林師昔日的房東女兒林春枝（我的窗友），正好爲某位在小學任教的窗友讀到，刻意將其影印一份寄往紐約給林姝，她細讀之後，感謝我代爲澄清五十年前的謠言，同時她對林師四十五歲以後的行蹤一無所悉，特地自美返台，要求我帶她去探訪林師，想不到一篇文章竟能促成睽隔半世界的師生會，豈非神奇得很。

其二，悟出新道理：某日我細讀法國一位社會學家布爾迪厄的文章，隨後重讀海明威的《老人與海》，前者說出一句名言：「輸者全贏」（Loser Takes all）；後者則說：「贏者全輸」（Winner Takes nothing），後來拜讀黃碧端大作《夜空下文學的海》一書，對王安石與蘇軾的評價，我便引述這二句名言，許多讀者來信讚揚我雖然出身中文系，竟對法美兩位名人的名言善加排比，可能有類於「禍兮禍所倚，禍兮福所伏」的眞諦也未可知。

本書爲我從《怎樣教養孩子》及《東瀛心影錄》之後第三本通俗書籍，本擬與「當代名畫家評介」併成一本，聽取文史哲彭老闆的建議，認爲當今之世，篇幅太厚的書籍乏人問津，只好暫予割愛，否則兩者合併，必可收到左右逢源之效。

然而市場走向如此，不得不予以屈就。感謝彭正雄先生鼎力拉拔，否則一介教書匠，又無多大名氣，敢於爲他出書，其勇氣之過人，不能不深表佩服。

彭先生不失爲當今文化界少見的性情中人，原先與馮馮並不相識，只因通了電話，覺其行誼確有過人之處，便決意爲他印行百萬言自傳體小說《霧航》，並於其過世之後爲他爭取平反，如此重義氣之人，求諸當世能有幾人。

對於我，只透過同事劉昭仁老師的引見，而後詳讀我的舊作，覺得頗有言人之所不敢言及說理抒情均恰到好處之優點，便決意爲我出書，在一切以功利是尙的出版界，彭先生的重情重義，怎不令人感激涕零。

本書行文長短，因各刊物編者需求度迥然有別，或許造成體例不一之弊端，尙祈多多包涵。

但願本書之出版，對於日趨低迷的讀書風氣能產生刺激作用。

也許你羨慕人家的生花妙筆，也許你會有眼高手低的心態，但應記取昔人所謂：「高山仰止景行行止，雖不能至心嚮往之」的名言，相信讀完本書，對你的人生觀和價値觀必能有所啓發。

一書一世界 千里問新知 目次

一、台灣作家之部

評王廣亞《三本教育思想》

一、引　言

近日承育達高職惠寄王廣老大著《三本教育思想》，拜讀之後，覺得全書十五萬言字字珠璣篇篇佳構，充分顯示王廣老教育理念之形成，教育理論與事功乃至個人風範之一斑。

王廣老的三本思想，係指本身、本事、本錢，頗能吻合師大前校長劉眞所提「三自主義」，即自食其力、自強不息和自得其樂的三種人生態度（注一），儘管它屬於現實人生境界的層面，卻是一層高過一層，不斷作直線的上升，到了自得其樂時，駸駸乎已由教育行政人員昇華爲教育家了，三自主義即是孔子立人達人的工作，必先建立在己立己達的基礎上，所謂一切先從自己做起，這是一句關鍵性的話，也是往後這位教育家成功的秘訣。

多年來，育達由一所擴充爲十所，幾可與美國加州大學的十三所分校媲美，而後者爲美國加州政府所辦，前者全憑王廣老一人的意志與毅力所支撐，相去何啻天壤。

王廣老與教職員工上山下海，跋山涉水，猶之乎球隊之聯繫無間，舞臺藝術的搭配嫺熟，在極細緻的部分獲得契合，每亦自有雋永的快感，他幫助別人，別人又去幫助別人，其快樂是連鎖的，當然一個人最高度的快樂應是相互的完成，他目睹一所一所的設立，不由得手之舞之足之蹈之。他所創立的十所學府，依序爲臺北育達商職、桃園育達高中、苗栗育達商業學院、鄭州昇達大學、內蒙古經貿外語學院、北京育達高職、泰國清邁惠明中小學、河南貝斯特小學、臺北點點幼稚園、河南鞏義成功學院。

民國九十三年十二月十六日欣逢育達高職五五週年校慶，基於在下與王廣老已結緣五六年，爰特草擬七律乙首聊申微忱：

畢生盡瘁興滔滔，扶雅揚風合獎褒。
半世行藏償宿願，一心併力挽狂濤。
才追元晦文瀾湧，志繼仲尼藻思豪。
衛道匡時覃德澤，振興職教建功高。

二、為杜工部圓夢

王廣老生平最大的成就與願望，可能是實現了杜工部生前的夢想，王廣老與杜工部擁有小同鄉之誼，同爲河南鞏義縣人，使他引以爲榮。一千四百多首杜詩，幾乎涉及到當時社會生活的各個層面，特別是反映了當時社會的重大問題，反映了廣大人民的生活，並從中表達詩人明確的立場和態度。

杜詩之感人肺腑，不在其凝練的字句與精細的詩律，而在其詩句背後所蘊藏的人性光輝，杜詩的價值在關切民間疾苦而忘記他本身正在疾苦中，當他目睹茅屋為秋風所破時，便寫下「安得廣廈千萬間，大庇天下寒士俱歡顏」的名句，這是何等胸襟，何等意念。即此一念亦足與河嶽日星同不朽了，王廣老在海峽兩岸一共設立十所大中院校，造福了數以十萬計的莘莘學子，正好實現了一千三百多年前杜工部的夢想，杜氏地下有知，必定引為知音而含笑九泉了。

三、媲美信陵君、蘇老泉、武訓

王廣老之知人善任，遐邇聞名，當他相中了年輕人陳鴻慶和陳鐘恩，覺其品德操守好能力強，便刻意加以培植，或從到校出任工友，或由農村北上就讀育達，畢業後留校任職，再去師大進修，成為他最得力的左右手。

此外，當他發現某些人再加深造可為育達學院的師資，便於八十五年安排引介陳家祥余淑琴等十位臺北育達之教師赴美攻讀企管碩士，並資助藍培青等五人攻讀博士，如今或為學院會計主任，或為河南昇達大學講師，或出任育達學院應用中文系主任，其用人唯才之熱誠，殊可媲美戰國時代魏公子信陵君之任用足智多謀的夷山東門監者侯嬴，以及故隱屠間的大力士朱亥，乃至藏於博徒和賣漿家的毛公和薛公，終成就其存魏救趙之大業。

王廣老在廿七歲時，發憤辦學，決意辭去審計部的公職，好比宋代三蘇中的老蘇——蘇老泉，少時不喜讀書，行年廿七，始發憤為學，歲餘，試策進士薦舉茂才異等，皆不中，乃悉焚所爲文章，閉戶苦讀，遂通六經百家之說，下筆如有神，頃刻數千言，後攜二子同至京師，所著《權書》《衡論》等二十一篇，大受文豪歐陽修讚賞，以爲賈誼、劉向不能過也，一時士大夫爭相傳誦。王廣老的十所學府，幾可媲美蘇老泉的十篇鴻文，甚且更有過之。

而王廣老爲了增進育達的能見度，增進校際間的競爭力，申請參加北市高職聯招，並于放榜後抄錄落榜生名單，常受到聯招會主委刻意刁難，爲了討好這點人情的施捨，他碰過拜訪避見，有過緊迫釘人不得已守在校長室站崗，扮演乞憐成全的小角色，甚至爲了供應師生用水，曾有半夜起身挑水的紀錄，可與山東堂邑武訓，爲了羅致師資向老師下跪的舉措相媲美，當然，武訓只顧興學，而王廣老既興學又辦學，可說比武訓更勝一籌。

四、辦學秘笈

㈠不惜血本：育達早在民國六十八年，爲順應時代需要迅速處理事務及提供社會服務，王廣老便特別動用巨額經費，購置王安中文電腦乙套，設立電腦中心，把高中職教學課程與教務行政納入電腦，可謂開風氣之先。

令人稱道的是，每年撥出一千萬元充當獎學金，也是不惜血本，考取大學獎助三萬六，每學期平均學業成績進步三分以上，也有五百至三四千元不等的獎金，可能舉世獨創。導師費每人督導兩班，每月兩萬元，足足比他校高出五倍，無怪乎某日放學時我路過育達，四處靜悄悄，鮮見調皮滋事之份子出現，大概王廣老生深諳重賞之下必有勇夫的原理。

王廣老爲安定教職員的生活，特建育達一村、二村，自備款由學校先墊，再分五年由薪俸中按月扣還，共計安置八十六戶教職員，裨益之大可以想見。

據悉創校五年的育達技術學院，截至目前爲止，已投資了十七億元，其手筆之大，寧不令人咋舌。

㈡師資第一：王廣老認爲辦學校最重要的是需有好老師，但先要有合理的待遇，才留得住人，育達待遇比他校好，大部分皆至退休年資或屆齡才退休，每月十六日薪水一定進入他們的戶頭，但相對的要求也高，每班每年平均成績如相差二十分以上，任課老師就要檢討，如照本宣科、口出惡言、師生互動不佳，都由問卷調查方式予以處理，使教師知所改善。

㈢語文優先：王廣老對語文課程，強調聽說讀寫能力的培養，教師于課堂中應直接以該語文與學生互動，早在二十年前即創辦商用英文和商用日文課，要求學生在自然的學習環境中，適應此種語言，近日有人倡議語文直覺教學法，早就在育達實施多年。（注二）

㈣人格感召：王廣老深知辦教育主管先要立身而後推己及人，領導他人，各級主管本身先能誠意正心明德修身，而後再要求部屬都能修養高尚志節和品格才行，因爲必先要自身有了完滿的人格，才能吸引有能力的人才，訓練出各級勝任業務的人才，都能踐履篤實地去執行，才能發揮苦幹實幹之精神。

㈤關懷弱勢：王廣老對身心障礙生、單親家庭及原住民學生特別加以照顧。身心障礙生，以肢障及學障者爲主，每位皆有教育規劃，安排認輔、課輔、心輔老師個別協助，並引進社會專業人士（如物理治療、語言治療）到校協助，其出缺勤及成績皆彈性處理，以建立其信心。單親家庭學生，每年約有九百人，王廣老籲請老師切勿予以標籤化，對其學習、生活適應、經濟情緒，特予關懷、鼓勵，助其走出陰霾，順利成長。原住民學生，儘管人數不及百人，爲求協助其認同自己的族群文化，提升技藝能力和就業競爭力，分由訓育、教學、實習就業處以及諮商室，規劃各項活動。除了課輔、生涯規劃座談、認識各行各業座談，並成立手工藝編織社。（注三）

㈥**重視生命教育**：近年來由于自戕者與日俱增，令人憂心忡忡。王廣老爲協助學生了解生命之價值和意義，並珍惜自己的生命、尊重他人的生命，每學期初召開生命教育委員會，訂定實施計畫及相關活動。

㈦**提倡勞動服務**：育達早在數十年前，就已強調清掃校園是勞動服務，與早年的知識份子上山下田的精神是一致的。

㈧**高瞻遠矚**：王廣老每能洞燭機先，領先教育政策，比如教育部直到民國七十五年才規定高中職應進行電腦教學課程，而臺北育達商職早在民國六十五年即已實施電腦教學（恰巧超前十年），當時只有大學開設電腦課程，他卻在高職購置電腦教室和設備，足見他對潮流的發展趨勢，總有過人的洞察力和判斷力。

他認定英文是國際通用語，需求度之高之強自然不在話下。自民國七十年即推動英語教學，基于桑代克近時律的原理，刺激與反應間的連接，越接近越有效，遂推行英語每日一句實施辦法，每年創造出亮麗的成績單，八十七年臺北育達有位劉正倫同學，以托福六七七分，締造臺灣高職生托福滿分的紀錄，引發媒體的爭相報導。（注四）

最近教育部修訂高職新課程標準，強調高職教育必須兼顧升學與就業之目標，而王廣老早在二十年前就大膽指示教務單位擬訂全套校訂升學輔導課程計劃，針對銜接四技二專生之學習需要，認為原先高職英文一至三年級每週二小時，數學一二年級每週只上二小時的學習基礎上，進入大專院校，必然難以面對原文教材，也難以進入數理的邏輯分析，因而將英數課程時數增加，教學內容加深加廣，以致育達參加大專甄試人數逐年增加，八十年三十名，八十一年五十名，八十二年八十六名，八十三年一二二人，儘管大膽違規，卻是教育改革方案的領導者（注五）

五、治校宏謨

㈠迭創新猷：王廣老最服膺「滿足現狀就是落伍」的名言，早期，目睹學生註冊時大排長龍一關又一關地辦理註冊，煞是厭煩，尤其大熱天、大雨天，把工作人員和學生、家長折騰得七葷八素，王廣老便召集幹部，商討簡化註冊流程，預期在半天內完成全校註冊，事前先邀集各年級代表模擬各項細節反覆練習，正應了他「要為成功想辦法」的座右銘（注六）

早期育達招生未盡理想，原先一邊靠報紙刊登大幅廣告，一邊靠散佈招生資訊，效果不彰，王廣老情急智生，申請加入北市公立高職聯招之主意，列于北商、北士商、市萬商、市松商四所公校之後，雖列于驥尾，但已建立起堂堂正正的商校形象，提高能見度和競爭力。

王廣老在育達創立一項「進步獎學金」，可能獨步全球。其靈感出自少年時代讀書時，有好表現，師長便獎勵一支鉛筆或一本簿子，或摸摸頭，偶有一文銅錢的賞金便雀躍不已，所以在獎勵優秀人才的同時，也注意某些人超越自我的優異表現，自民國五十三年起頒發進步獎學金，每生每學期學業成績總平均比前學期進步三分以上即可獲得新臺幣五百至二千元不等的獎學金，金額雖不高，但獎勵意義大（注七）。足見王廣老是一位人情味十足的長者。

㈡**打通通路**：早年為了提供會計人員進修，便創立育達商業補校，近年發現大學成了通才教育，而高職生升入四技二專之機會微乎其微，便興起為高職畢業生創立一所學院予以銜接的意念，八十六年在苗栗造橋設校，（育達商業技術學院），設有應用日文、應用中文等十三系，並有企管資管二研究所，為育達學生打通九年一貫的求學路（高職三年、大學四年，研究所二年），正在為育達高職畢業生爭取免試直升學院的管道。（注八）

㈢**惠及對岸**：王廣老鑑於河南昇達大學位處內陸，河南老百姓一般家庭經濟狀況並不優裕，家中有子弟在錄取率極低的統考中上了榜，何其榮耀，但學費得靠家族集資湊錢供應，因此王廣老發動育達師生每月捐贈一萬五千元人民幣，資助昇大清寒學生，而昇大也相對撥出一萬元人民幣，供昇大貧苦學生每月菜票、飯票之費用，另外還提供昇大優秀畢業生出國獎學金，每年擇優錄取三名，給予二萬一千美元（折合新臺幣約為六十萬元，手筆之大令人吃驚）（注九）、王廣老胸襟之開闊，放眼當今杏壇無出其右者，我看王廣老這是愛屋及烏的表現，因同屬河南同鄉，爲其興學辦學，花點心力理所當然，再者，「養兵千日用在一朝」，這批秀士學成歸國時，可能成爲昇大的師資來源。不過在急功近利的今日社會，像王廣老這般遠見者有如鳳毛麟角。

㈣因勢利導：民國四十三年九月，中共竟然用密集砲火大轟金門，四十四年初，一江山大陳島失守，並有中共戰機竄至臺北近郊，于是臺灣省成立民防司令部，政府下令臺北市各公私學校在鄰近縣市設疏散分部，等于准許再設一所學校，儘管財力負擔沉重，王廣老卻認爲這是私校向外縣市發展的良機，不必另行申請，他發揮無畏艱辛愈挫愈勇之精神，在桃園中壢平鎮市覓地興建，由其介弟王萬興主掌校務，早期借用新明國小上課，六十三年獨立設校，改名爲桃園育達高中。（注一〇）

㈤發行刊物：王廣老對於刊物的發行至爲重視，除了要求每學年邀請學養豐富的優良教師，爲「育達學報」撰寫學術及教學論文，另外，他特別重視學校與師生、校友間的聯繫溝通，認爲聯繫溝通的最佳橋樑便是刊物，而刊物便是發表文學創作及讀書心得的一大園地，《育達青年》自四十九年起由日間部印行；夜間部編印《學園》；桃園育達印行《育光》。而發行四十二年從未間斷的《育達周刊》，創立於五十一年四月，原爲半月刊，向內政部申請登記爲雜誌，王廣老爲發行人兼社長，此一刊物，由于內容翔實豐富，編排新穎活潑，深受社會人士重視，校內師生喜愛。在北市公私立學校校刊競賽，多次榮獲特優獎。（注一一）

對於在《育達學報》與《育達周刊》發表文章的教師，校方都付給很高的研究費與稿費，由刊物中促成育達師生的成長，並策勵更多的教師從事教學研究著作。

由於我在實踐大學主編《今日生活》雜誌垂二十年之久，兩度獲頒金鼎獎，在此提出幾點建言：

*1.*寫作應注意三原則：敘事則如其口出，寫景則如眼前，抒情則沁人心脾。

*2.*編纂時毋忘五項原則：即時令性（Instant）、顯著性（Important）、影響性（Influencial）、趣味性（Interesting）、啓發性（Illuminating）。（注一二）

*3.*五不主義：不解釋自己所不懂的道理；不重複別人寫過的文字；不拒絕使用俚語俗字；不忘記用趣談警句來防止讀者昏然入睡；不任意延長文章的幅度。

六、結語

我並非評論家，不敢妄事軒輊，只以一個讀者的感受，捫觸全書的詞章之美、內容之精實。王廣老所鶩心者專，其所體察者及于精微毫末，燭照幽微，抒寫胸中邱壑，故每能致世俗作家之所不能臻。故而格外不同凡響。

王廣老年登耄耋，但對於辦學之熱誠有增無已，此時此際，偶爾抽空陪數十年故交知友剪燭夜話，心中的愉悅是沒有任何浮淺的刺激所可取代，王廣老終年奔跑於兩岸乃至歐美日之間，定有弘一法師所謂「華枝春滿天心月圓」的快感。

語云：立學校以啓迪愚蒙、設醫院以康濟殘疾、撫育孤幼以救濟衆生，皆無背於佛家大乘普渡之義，不僅爲社會開創新面目，亦使許多中國人的生活理念更體現其道德價值。王廣老節虛文粉飾飲食無益之費，集聚以成育才達人的千秋事業，具有立德立功立言的三不巧價值。

王廣老以大智大慧開闢新蹊徑，廣興學之一念，即是起敝振衰的先河。五十多年來對中國教育事業的貢獻，實不可磨滅，在輿論與文化上所發生的影響，亦頗值得稱道。對于教育的興革，立意之深切，願力之宏深，比起一般財團或宗教團體所興辦的學府，應具有更輝煌的成就。

要言而之，王廣老不僅爲知識的山斗，亦是道德的儀型，以其全部德業的光輝，燭照後學，使弟子成爲其本身人格的再現，甚至言談舉止，亦自然酷肖。

孔孟皆爲萬世師表，因爲他們志于弘道，不放棄生命中任何教育後學的機會，王廣老相較之下庶乎近之。

王廣老以教育爲終身事業，不以此爲逋逃、過渡或階梯，更不以之爲獵取名位的資本，數十年來自外于榮利，不見利而忘道，去僞存眞，循序以進，怎不令人佩服得五體投地。

注釋

注一：引自林繼平：《一位教育家的思想與風範》頁一八九。

注二：引自：《三本教育思想》頁一三八。

注三：引自：《三本教育思想》頁一七四。
注四：引自：《三本教育思想》頁三七。
注五：引自：《三本教育思想》頁一五八。
注六：引自：《三本教育思想》頁一六二。
注七：引自：《三本教育思想》頁一一九。
注八：引自：《三本教育思想》頁一一七。
注九：引自：《三本教育思想》頁一二〇。
注一〇：引自：《三本教育思想》頁六。
注一一：引自：《三本教育思想》頁一五。
注一二：引自陳徵毅《最新應用文》頁四。

（民國九十四年三月全國新書資訊月刊七十五期）

《謝東閔傳》評介

——評邱家洪《謝東閔傳》兼紀念謝求公百年誕辰

一、引言

最近讀邱家洪先生大作《政治豪情淡泊心——謝東閔傳》，使我想起許多陳年往事，記得民國五十七年某日，應北斗郵局局長謝文江之邀，參與謝氏宗親會聚餐，有幸與謝求公同席，聆聽他的即席演說，將其筆錄之後，撰成一篇特稿，刊登在新生報上，從此受到他的賞識，不久便在省議會召見我，鼓勵我為其主持的《今日生活》雜誌投稿，而後再進大學和研究所進修，逐漸成為實踐大學的一份子。

書中所指《走向文化大國之路》一書，是我奉命於三天內印妥的。謝求公競選副總統所用的三盒名片，是我受其媳婦林澄枝之囑咐而於半天內印妥的。

後來謝求公獲頒一等卿雲勳章，我寫了一首七律予以致賀：「碩德清徽重國門，才高班馬軼群倫。東山偉烈瀛寰重，渭水宏謨齒爵尊。翊贊元戎多獻替，親和黎庶厲忠純。功勳彪炳垂青史，天道從來不自言。」

二、本書特色

本書由木棉出版社印行，全書十六萬言，文筆流暢風裁別具，是一本具有啓發性和趣味性的傳記作品，其特色如下：

1.**數據詳實**：可能由於作者曾於省政府供職過的關係，對於各項數據如數家珍，例如謝東閔競選四屆省議員的得票數分別爲六七一三八票→五九五二六票→七六五一四票→八四四七一票，第二屆之所以削減七、八千票，由於遭遇強敵徐堅；第三屆又上升，只因徐堅已退選；第四屆爲何高達九萬票，列爲全省第一，因爲選民抱著選謝東閔等於選議長的心態。選舉時攻城掠地互挖牆角在所難免，某屆他在徐堅的故鄉埔心挖走一二二九票，而徐堅在他的故鄉二水只取得三票，簡直像銅牆鐵壁一般的牢不可破。

2.**筆調幽默**：謝東閔在國民大會競選副總統得了九四二票，他便戲稱是九死一生。某日，蔣介石總統對謝夫人潘影清說：「他若不從命，以後通通不要理他。」某屆省議員選舉，謝東閔交給國民黨彰化縣黨部組長董秋榮五萬元，董秋榮說：「扣除三萬元之登記費，其餘二萬元，還不夠請助選議員買枝仔冰吃呢……」

三、謝東閔的人格特質

㈠知人善任：從前信陵君任用侯嬴、朱亥等人，皆不顧其身世背景，謝東閔亦復如是。

他任省府主席時，社會處長出缺，恰巧從公費留學名單中看到榜首許水德，其時任高雄市長主任秘書，雖未符合廳處長由縣市長擢升的成規，覺其出身師大教育研究所，曾任教育局長，資歷完整，便報請蔣經國院長核示，而後畀予重任。

他任實踐家專校長時，音樂科的呂泉生和美工科的顏水龍，均未獲教育部審查講師或副教授資格，但他覺得前者出身日本武藏野音樂大學，寫過「搖囝歌」及「一隻鳥兒哮啾啾」等名曲；而後者出身日本東京藝術大學，再赴法留學，其油畫作品入選春季沙龍，享譽國際，便分別聘請呂、龍二位擔任音樂科、美工科主任。我於民國六十二年尚在師大國文系就讀，他覺得我的文筆不錯，又具有十六年的中小學教學經驗，便畀予我出版組主任兼《今日生活》總編輯之職位。

當台灣新生報社長出缺時，恰巧看到時任華視公關主任出身明尼蘇達大學新聞研究所的石永貴，在中央日報副刊發表一篇有關報業發行的長文，覺得見解精闢，便予起用。儘管他與石氏素不相識，此種氣度和襟懷，怎不令人敬佩得五體投地，果然石氏在受寵若驚之餘，大力整頓新生報，業績蒸蒸日上，未負求公拔擢的雅意。

他之任用台大教授張甘妹擔任省府委員，由於深知她是青少年犯罪專家，可以在這方面協助他。張甘妹出身台中女中，再考入台大就讀，是一位短跑健將，謝求公擔任教育廳副廳長時，第七屆全國運動會在上海舉行，他任台灣省的總領隊，張甘妹就是隊員，所以很早就認識。

謝求公一本用人唯才、才不私用的原則，很受官場的注目，他的法寶是：很少事先徵求當事人的同意，什麼人可以勝任什麼工作，謝求公似乎看得很精準，既然要爲國家做事，具有強烈使命感的人才不會輕易放棄，也就不必私相授受，暗中眉來眼去的爲人詬病。陳時英任彰化縣縣長時，原本以爲御任後重回律師老本行，謝求公認其兩任彰化縣縣長都是同額競選，且爲官清廉，當個縣長連平時零用錢都要向乃父陳景崧伸手，便任命他出任省府社會處處長，陳時英嘆曰：「東閔仙大主大意。」

㈡宅心仁厚：謝求公的宅心仁厚是有口皆碑的，記得我到實踐家專任職第一個月，某日，我在放學途中爲他發現，立即請陳司機將車倒回，載我同往南京西路美而廉咖啡廳小敘，頻頻垂詢我的家庭生活情況，叮囑不必一定把父母接到台北來，因爲父母不一定能適應台北的嘈雜環境和公寓生活。不過，身爲人子者應多回鄉探望父母，像他不管多忙，每週一定抽空回二水探望高堂老母，略盡人子之孝道。臨走前，他問我跟多少朋友同住，我說三、四人，他立即叫店裡的夥計包五份點心爲禮物，要我帶回去。這種設身處地爲人著想的美德，求諸當世能有幾人？當他左手被台獨分子王幸男炸傷後，王的父母前往省政府落淚致歉時，他不提自己受害事，反而是關懷王氏的事業，並派員送他們到彰化車站用餐，再送兩張回台南的車票，令王氏夫婦感激涕零。

三十多年前實踐家專傳達室有位職員侵呑公款數萬元，依照校規應予解聘，鑑於當事人隻身在台，子女陷身大陸，且深有悔意，他便法外施恩不予開除。這位職員深受感動，後來工作得比誰都賣力，做到以校爲家的地步，這完全是受謝求公精神感召而激發的。

早年他擔任省教育廳副廳長時，從《自由青年》月刊上得悉嘉義縣民雄鄉青年鄭清茂考取台大，卻因繳不起學費而發愁，便召見勉勵鄭君，決意協助其解決難題。鄭君由台大畢業後考入京都大學研究所，再進入美國普林斯頓大學深造，榮獲博士學位，後來出任麻州大學教授，成爲國際知名的研究日本文學專家。

㈢**毅力堅強**：他早年負笈大陸，由於其尊翁主持的益美商行糖廍失敗破產，無法接濟學費，剛好一位同學介紹他擔任兩位炮兵軍官的日文家教，使他得以維持生活和學費開銷。後來爲節省費用，他轉往學費低廉的廣州中山大學求學，在校內開班教日本語文，或課餘翻譯日文書籍，或投稿賺稿費維生，換了別人早已輟學他去了。

逃離香港時，炮火連天，賃居的公寓中彈，他與夫人和愛子孟雄沉著應變，避過劫難。被誣指爲日本間諜時，他不怨艾，深信「止謗莫如自修」及「謠言止於智者」的古訓，終於獲得平反。

當他擔任省主席時，左手被包裹炸彈炸斷，疼痛難忍，卻連眉頭都不皺一下，不難想見他毅力的堅強。

㈣**不忮不求**：他由五十歲踏入省議會，到六十五歲出任省主席十五年間，做到不忮不求的境地，他常說：「凡事順其自然，不要太勉強，不過我是台灣人，爲了台灣的生存與發展，我什麼事都願意做，爲了台灣人的前途我什麼話都敢直言不諱。」上級要他任行政工作，他就任行政工作，要他參選代議士，他就硬著頭皮去參選，沒想到四度參選省議員，都創下全縣乃至全國最高票的紀錄，他參選省議員強調不批評他人，不攻訐他人，不揭人隱私，純粹就事論事，擔任省主席、副總統也是一本「對事不對人」的原則，即西洋人所謂 "It is not who is right but what is right."

他之出任副總統，可說受知於蔣經國，早在民國三十四年求公出席國民黨在重慶召開的第六次全國代表大會，第三天，蔣中正歡宴他及另外六位代表於上清寺，經國先生也在座。後來蔣經國想多瞭解日本敵情，便常求助於精通日文的謝求公。遷台之後，蔣經國擔任救國團主任，謝求公爲副主任，由於相知很深，蔣經國展佈的國家大政方針，謝求公常能竭盡所能襄助，對台灣的各項建設投注無窮心力，畀予副總統之職，乃是順理成章之事。

四、指瑕

寫書要做到零缺點，十分爲難，本書亦不例外。

㈠錯別字未能避免

1. 與人民「之間」誤植爲「之問」。（p.6）

2. 「迨至」誤爲「始至」。（p.6）

3. 「怵目驚心」誤植爲「駭目驚心」。（p.7）

4. 「紅得發紫」誤植爲「紅得發燙」。（p.16）

5. 「陳筆」誤植爲「陳肯」。（p.27）
6. 「闢謠」誤植爲「避謠」。（p.28）
7. 「隨即」誤植爲「隨則」。（p.34）
8. 「無心揷柳柳成陰」誤植爲「無意揷柳柳成蔭」。（p.37）
9. 「時不我予」誤爲「時不予我」。（p.52）
10. 「習慣成自然」誤爲「習慣生自然」。（p.54）
11. 「運籌帷幄」誤爲「運籌惟幄」。（p.68）
12. 國家不願「受辱」誤爲「受恥」。（p.70）
13. 「一蹶不振」誤爲「一厥不振」。（p.72）
14. 「相繼出走」誤爲「相續出走」。（p.74）
15. 「摩拳擦掌」誤爲「磨拳擦掌」。（p.86）
16. 「留得青山在」誤爲「留著青山在」。（p.87）
17. 「基本不夠看」應爲「根本不夠看」。（p.87）
18. 「庸才」誤爲「不才」。（p.91）
19. 「荃蕙化而爲茅」誤植爲「荃薏化而爲茅」，此頁三處同樣錯誤，顯示校對者不夠用心。（p.93）
20. 「寒暄」誤爲「寒喧」。（p.103）

21.「博古通今」誤為「通古博今」。（p.116）
22.「燒三柱香」應為「燒三炷香」。（p.119）
23.「趨之若鶩」誤為「趨之若鶩」。（p.224）
24.「再接再厲」誤為「再接再勵」。（p.264）
25.「中西合璧」誤為「中西合壁」。（p.248）

㈡敘述錯誤或遺漏

1.第二十頁提到彰化、和美、田中，二林的謝氏宗親會給予不少的助力，漏列北斗的宗親，據我所知，當時謝炳雲、謝秉臣、謝文江都很賣力，尤其謝炳雲透過其妹婿鄭寶來擔任溪洲農會幹事的人脈，每屆為求公拉到數千票，居功厥偉。

2.第二十二頁說：「謝求公沒有運籌帷幄的負責人，有如一盤散沙。」稍嫌誇張，其實，當時實踐專校已創立十五年，人才濟濟，教務主任蘇惠鏗、總務主務吳文曉、庶教主任何懋林、註册組長陳義明皆可派上用場，尙何散沙之有？

3.第二十三頁說：「大城的許張愛簾」，其實她是北斗人許啓佑時任林務長的太太，不可能跑去大城選議員或立委。

五、結　語

謝求公已辭世六年，元月二十五日即是謝求公百年誕辰紀念日，他的為人風範和親和黎庶的平易作風，永爲後代政治人物的典範。

他由省議員躍身省主席乃至副總統，皆能謹守分際、虛懷若谷，凡事順其自然，不忮不求，他所展現的新觀念新作風，皆能獲得民衆的認同。

謝求公是政治家也是教育家，值得效法和欽敬。

（民國九十六年三月《今日生活》第三八三期）

評沈君山之《浮生再記》

一、引言

在台灣學術界，沈君山堪稱罕見之怪才，他主持過清大，當過政務委員，又精擅圍棋和橋牌且能撰文成書，稱之爲五項全能應不爲過。

乍見沈君山的新著《浮生再記》，不由得聯想少時讀過的沈復名著《浮生六記》，深爲沈三白夫子自道的男女主角閨中情趣而神往，又爲他倆的不幸遭遇而同情，時隔多年，書中細節雖不能完全記憶，但女主角芸娘那種情意纏綿對丈夫體貼入微的種種細膩處，似乎還依稀縈迴腦際。

而沈君山的《浮生再記》，比諸沈三白的《浮生六記》內容更爲豐富，視野更廣闊，兩人皆出身書香門第，皆如徐霞客之遊覽名山大川，也都饒富爲國爲民的壯志，只因書生氣息太重，又不能削光腦袋去精心鑽營，雖有滿腹雄才大略，亦無由展佈。

沈君山夫人曾麗華——如芸娘般的體貼入微，光看沈君山入院開刀時，她在加護病房外守護終日，便可見其一斑。

全書二十四萬言，共分五輯：*1.*懷憶師友少年往事之散文；*2.*述其清華歲月及對高等教育的一些觀念；*3.*回憶其爲官一年的經歷；*4.*給他的圍棋徒弟施懿宸的三封信，前後相隔十九年，以圍棋爲主題，闡述他對專業與業餘分際的看法；*5.*他對兩岸關係的論述。

前四輯爲散文，後一輯爲政論，據他表示，前者以信達趣爲原則，後者則以信達愼爲原則。此書分屬三種不同類型的文章，普通的散文棋橋之類，因爲屬於自己的樂趣，自然水到渠成，輕鬆愉快；科學是其本行，寫這類文章也不難下筆，把它清楚準確地表現出來就行；至於政論最感棘手，大致上，寫一篇政論性文章，所花時間精力，可抵五篇科學性文章，或十篇棋橋類文章。

二、看破生死關頭之智慧

捧讀此書有如倒吃甘蔗，前二遍我都把附錄略掉，近日始仔細閱讀，竟深受感動。沈君山在生死交關的當頭，竟仔細交代四件大事，直至凌晨三時許才興高彩烈地進入血管攝影室，準備進開刀房接受手術。其面對現實視死如歸的情懷，足可媲美孔子、蘇格拉底、諸葛亮的因應之道。孔子曾夢到奠基於兩楹之間，預感到死期已近，朝起扶杖逍遙詠歌以自輓，這種看破生死關頭的智慧，何其難得。蘇格拉底服刑仰藥，他的學生環繞四周嚎啕大哭，他仍然保持沈靜笑問：這是什麼聲音？而諸葛亮六伐中原，油枯燭盡而乞命於天，不是爲自己，只爲規劃恢復漢室的遠大理想，他患有嚴重的胃潰瘍，仍極力掙扎，如無堅強的意志力在背後支持，可能撐不到五丈原。

生死至少有一半操諸自己的方寸之中，其餘一半留給醫生，每一個瀕臨生死邊緣的人所喊出我要活下去的呼聲都是悲壯的，一個知道自己爲何而活的人，將有更多活下去的機會，猶如知道爲何而戰的軍隊，更有可能去戰勝當面的敵人。沈君山一如孔、蘇、諸葛諸人，皆爲強者、智者。

三、喜遇貴人

沈君山兩度參加聯考才考入台大物理系，其間曾爲高等微積分而傷透腦筋，幸遇兩位貴人相助，始得安度難關。此章沈君山善用伏筆，在籃球場上，球友老劉打球常打到一半就不見人影，因爲高微老考不及格，而數學系主任沈璿下午五時後下班回新生南路宿舍，籃球場是必經之路，所以老劉在四時一過就心神不寧，當然沈主任的做法就西洋諺語所謂「Play while you play, work while you work.」的原則並不符合，有待商榷。

沈君山同班的孫璐不僅高微筆記借他，還在考前二、三天爲他畫重點指點迷津，而物理系早他一年的蘇競存，高微得全班最高八十五分，考前在講台上爲他把一學期的課複習一遍，如此亦師亦友殊屬罕見。當年台大人情味之濃厚令人羨慕。而沈君山人緣之佳可以想見。一個人是否眞有人緣，要看他能贏得多少人衷心的敬意與友情，使這些人從與他相面對乃至想起他時感到愉悅，此種狀態的培養非關諂媚，而出於無限善意和高尙人格與知識和道德所產生的吸引力。

老劉熬了八年終把高微過關，後來在一家私立中學教數學，印證了台灣人所謂「打斷手骨起倒勇」的說法。據悉法國巴黎大學有位學生哲學課修了八年，後來成爲哲學家。

沈君山把應付高微的方式去應付德文的必修課，可謂學習遷移的運用。沈君山的際遇使我感同身受，我大一時最怕英文，因爲梁郭謙老師以對待外文系的標準來要求我們，每週需寫一篇英文讀書報告，由《小婦人》到《戰地春夢》不一而足，特別強調 Comment on the book，所幸班上有位出身南女，聯考英文得八十分的李淑媛，充當我的顧問，對我鼎力相助，始得安度難關。

沈君山在台大讀了六年才延畢，得以巧遇吳大猷，聘其擔任清華在台首屆研究所助教，與梅貽琦、胡適、吳大猷等大師結了因緣，印證了「福兮禍所倚，禍兮福所伏」的說法。

就我觀察，沈君山與吳大猷有幾分相似之處，兩人皆出身書香門第，吳爲廣東高要人，沈爲浙江餘姚人；兩人皆爲獨生子，沈好勝，吳亦然，在中學時代，其姑丈說這一年誰考最好，就送照相機（價格爲現今之三十萬元），他就徹夜不眠苦讀去爭取；沈遇嚴師沈璿，吳也遇嚴師饒毓泰。

清大早期四位專任教授中，擔任秘書的趙賡颺曾到實踐大學兼課，成爲我的同事。

沈君山曾寫一篇愛因斯坦百年誕辰紀念專文發表於某報副刊，爲吳氏發現其中的某些地名、校名有小錯誤，便寫了一篇短文以讀者投書方式予以更正，沈君山感到欣喜，因爲吳老師仔細看了他的文章，才會轉個彎來小罵一番。自我解嘲功夫到家。

四、嘉惠後進

語云：「世有伯樂而後有千里馬」，沈君山是今日圍棋界的伯樂，今年日本圍棋賽榮獲五十三屆圍棋王座頭銜，三度拿下王座。二月二連霸成爲三十屆圍棋名人獲一千三百萬日元獎金的張栩，當年便是由沈君山出面推薦拜林海峰爲師，並拜沈爲乾爹。另一位圍棋好手施懿宸則拜他爲師，在十九年間寫了三封信給他，沈君山強調圍棋是勝負總合等於零的世界，施懿宸原本有意走向職業棋士之路，奈因在關鍵性決賽時因一門重頭科目考試撞期，而未能成爲職業棋士，沈君山卻爲文予以道賀，現身說法以安身立命怡情養性分爲人生三大主軸，安身是學術教育；立命是兩岸族群；棋橋文章則是怡情悅性。亦即把圍棋當成業餘嗜好，當成人生旅途中的潤滑劑，亦即當機油使用而不可當汽油燒。凡才智之士，對琴棋書畫就性之所近，以之怡情遣興，自可進退自如；以之作爲謀生工具，在今日高度競爭與開放的社會是容不得猶豫徬徨的。施懿宸正在攻讀博士學位，將來可望步沈君山後塵遊走於學術和圍棋兩界，而非成爲林海峰第二，得失利弊難下定論。

沈君山之與圍棋結緣，出於偶然的機遇，四十多年前他第一次考台大未獲錄取，在無所事事之中學會圍棋，現在已有五段功力，他曾於民國五十五、五十六年連續獲美國本因坊和名人賽冠軍，謙稱美國圍棋好手少，亦覺得圍棋是陶冶修養的娛樂。他還打得一手好橋牌，是他大學時代的副產品，曾獲全美和遠東橋牌賽多次冠軍，黃光輝是他最佳夥伴。他說在煩悶或躲一躲研究工作時就上牌桌調劑一下，古人云：「志於道、據於德、依於仁、游於藝」，沈君山乃是深諳箇中三昧之人。

沈君山出任政務委員之職僅僅一年，有人爲其婉惜，反之亦有人爲其慶幸，試看胡適耗費數十年功夫於駐美大使及中研院院長任內，結果中國哲學史大綱只完成上册，原定與旅日學者吳主惠合著《東洋哲學史》與《東洋社會史》，吳氏早已完成而胡氏卻付之闕如，沈君山因出任閣員任滿一年即宣告罷官，故能推出《浮生三記》、《浮生再記》等書，正如韓愈爲柳子厚墓誌銘所云：「使子厚在台省（中央政府）時，自持其身，已能如司馬刺史時，亦自不斥；斥時有人力能舉之，且必復用無窮，然子厚斥不久，窮不極，雖有出於人，其文字辭章，必不能自力以致，必傳於後如今，無疑也。雖子厚得所願爲將相於一時，以彼易此，孰得孰失，必有能辨之者。」畢竟作官是一時的，而寫作出書則爲「經國之大業不朽之盛事」。

五、以球會友結識田長霖

當年同在台大籃球場上打球的球友田長霖，後來出任加州大學柏克萊分校校長，成爲名滿天下的第一位華人。可惜於二〇〇二年以腦瘤病逝，享年六十有八。

田氏自小即聰穎過人，父爲田永謙，曾任省府主秘，民國三十八年由廣西播遷來台，參與建中插班考，七百多人報考只錄取九名，他竟能上榜，實力之強勁自不在話下。後來考入台大機械系，課餘喜打籃球，從中學得講求團隊精神合作與毅力。乃父逝世時遺言「教育與為人最為重要」使他謹記在心。

課餘為貼補家用，為淡江英專學生劉棣華擔任家教，一見鍾情，赴美留學前本欲與其訂婚，受其家長反對，要求拿到博士學位才能將女兒嫁他，果然於四十八年五月以三十個月時間取得普林斯頓大學機械工程博士，他笑稱：「這三分靠我的好記憶，七分歸功於愛情力量」，果然二個月後就結成連理。

先後三十一年，在加州大學柏克萊分校任教，由助理教授幹起，時隔九年升為正教授，於一九九〇年二月，在二五八名申請人中受聘擔任加州大學柏克萊分校第七任校長，決定將該校建立成為一個多元文化的校園。十二年來該校被全美研委會評為全美最優秀的研究大學，其中研究所與博士課程排名第一，三十六種課程中有三十種排於前十名。

沈君山曾對田長霖提出三項建議：1.根留美國；2.協助中華；3.秉持公心，不失為出自肺腑之忠言。語云：「書有未曾經我讀，事無不可對人言」，盧梭在其《懺悔錄》中坦承少時曾染上手淫之惡習，胡適在其自傳中也坦承在北大就讀時曾有逛窯子的紀錄，沈君山亦坦言與紀政有過一段熾烈的感情，在審查預算時，曾就教於郭婉容，台大德文必修科期末考只得四十九分，亦不諱言自己語言天分不高。如此坦率可愛之學者，求諸當世能有幾人？

六、大醇小疵

本書印刷精美內容豐碩，令我一讀再讀，愛不釋手，從而發現某些小瑕疵：

㈠體例不一：全書篇章多屬第一人稱直敘，偶爾穿插專訪及對談錄數篇，令人看得眼花撩亂，似以體例一致爲宜。

㈡錯別字未能避免：在浩翰書海中，錯別字被視爲災梨禍棗，通常力求避免爲宜。「帶上金箍棒」，帶字應改爲戴；「恭逢其盛」似以「躬逢其盛」爲宜；「允執其中」似宜改爲「允執厥中」以求忠於原典；「來個歡迎會之流」，流字宜改爲類。

㈢銜接性稍嫌不足：本書全由在報紙副刊已刊登之文章剪輯而成，基於客觀因素故而銜接性不足，比如兩位高徵救命恩人孫璐與蘇競存與他分道揚鑣後何去何從應有所交代；田長霖自球場一別，如何闖人美國學術界，似宜點出脈絡，方爲得當。

㈣內容稍嫌龐雜：本書既有懷舊散文，亦有政論文章，更涉及圍棋方面的文章，一般純文藝讀者，對於政論及圍棋文章可能略而不讀，豈非有違物超所值之原則。三月間安迪威廉說他想再唱十年，我看沈君山可再寫十年，不如將圍棋及政論專文，另結專輯出書。否則就宜將書名改爲《浮生雜記》以符名正言順之旨趣。

㈤未見引註詩詞出處且出現倒置現象：一般而言，作文應具備ABC三原則，即accuracy（正確）、briefness（簡潔）、clearness（清楚），沈君山在此書中第一項原則略嫌不足，在一八八頁及二三九頁兩度引用王安石的〈登飛來峰〉詩，均將上下兩句誤植，實爲不可原諒之錯誤，書籍是流傳千古的產品，豈可任憑瑕疵品傳世，最好的辦法是註明出處，是則編輯在編書時知所查核，就不致出紕漏。王安石此詩的全貌爲：「飛來山上千尋塔，聞說雞鳴見日升。不畏浮雲遮望眼，只緣身在最高層。」不知何故，沈君山兩度寫成「只緣身在最高層，不畏浮雲遮望眼。」當然，顧炎武在《日知錄》中引述前人的詩句，全憑一己之記憶也常與原典有所出入。在此有個鑑別的法寶，在七絕中，偶數句必然爲韻腳，亦即採取平聲字，前年赴鹿港觀光，一家商店將門聯貼成「春滿乾坤福滿門，天增歲月人增壽」，即忘卻仄起平收的對聯原則。

再者，王安石此首詩，可就蘇東坡的另一首詩來比對：「橫看成嶺側成峰，遠近高低各不同。不識廬山眞面目，只緣身在此山中。」依照第三句爲果，第四句爲因的模式，王詩自然後半應爲「不畏浮雲遮望眼，只緣身在最高層」才對。

其次，更刺眼的是第四十七頁沈君山親手寫下唐人李益名詩〈喜見外弟又言別〉後半段：「別來滄海事，語罷暮天鐘。明日巴陵道，秋山又幾重。」不知何故，親手用毛筆書寫竟將次句寫成「語還暮天鐘」，平仄弄錯，詞義亦有瑕疵，爲何不予重寫，令人感到不可思議。試看王安石寫「春風又綠江南岸」，綠字原寫成「到」，後改成「過」再改成「綠」，因爲自古即有「一字入公門九牛拖不出」的諺語。再看歐陽修贈送韓琦一副對聯，原寫：「仕宦至將相，衣錦歸故鄉」，後覺語氣不夠完足，立即派人騎馬去取回，重寫成「仕宦而至將相，衣錦而歸故鄉」，李益此詩前半為：「十年離亂後，長大一相逢。問姓驚初見，稱名憶舊容。」引述古詩不可不知其全貌啊，特為拈出。

七、結　語

年登耄耋兩度中風之人，尚能出此鉅著，可能創下金氏世界紀錄。沈氏既受恩於吳大猷、孫璐、蘇競存，又施惠於張栩、施懿宸，我想以「智德體兼備」、「眞善美並行」及「無虧無欠此生志已酬」三句致贈沈大師，尚祈哂納為幸。

（民國九十五年十二月「今日生活」第三八二期）

評吳德朗《理想的國度》

引言

長庚醫院決策委員會主委吳德朗在今年元月推出其處女作——《理想的國度：吳德朗醫師回憶錄》，不到三個月便銷行三版，在沈寂多時的書市堪稱異數。

一般而言，傳記的撰寫必須依循下列幾個原則：

*1.*修短合度：目前市面上所見的傳記書，王雲五的「八十自述」長達六十萬字；黃仁宇的傳傳，三十多萬字；而吳德朗的回憶錄約爲二十一萬字，最爲適中，讀來不覺厭煩。

*2.*臚列心得經驗，對事物看法及生涯規劃以展示一己之學養和潛力，使讀者對你刮目相看而樂於捧讀。

*3.*過去工作經驗及對所服務機構的貢獻，吳氏抗SARS之指揮若定，可爲一大典範。

*4.*詳近略遠，時間久遠之事輕描淡寫，較近之事則詳細敘述，他的「大瘟疫」一章，將抗SARS經驗寫足三萬字，因其爲全臺人士所關心，值得大書特書。

吳著之所以暢銷可能由於：*1.*長短合度，讓人讀來不覺吃力；*2.*筆調輕鬆幽默，使人讀來如聞其聲，如見其人；3.眞人實事，感人至深：書中人物泰半爲我所熟悉，他的英語啓蒙老師李懷福，也是我的業師；他的國文老師楊錫霖是我的中學導師金鴻儒的門生；至於校長楊杏林，則是使我免於輟學的恩人，當時我因家貧籌不出一五〇元註册費，而準備休學，事爲楊校長所悉，在校務會議席上爲我募得二五〇元，解除了我的燃眉之急。

本書特色

在一般人的印象中，醫生似乎總帶著一股呆板、嚴肅和木訥，而吳氏完全超出通俗醫師的造型，他風趣健談，生氣勃勃，他說他喜歡演講，一天連講五場而不露疲態，令人大爲折服。

據他表示，本書之寫作醞釀期約達十個月，不過平日即分類建檔，相關時地人名都列有專表。歷年護照都予以保留，俾資作爲查索論文發表或開會時地的依據。眞正寫作的時間，每一章節約爲二小時，三十一章共一百多小時，約當五天半，簡直是曠古絕今的快筆，茲將全書特色臚列如后：

1.飲水思源：他自稱生平頗得老師緣，大一國文老師葉嘉瑩如今年已八十有六，四十年來經常保持聯繫；而當年彰中校長翁慨把彰中辦得有聲有色，曾獲得大專聯考丙組狀元，儘管後來傳出緋聞黯然下臺，覺其瑕不掩瑜經常修書致意，並曾多次登府探望。他在北斗中學初一榮獲臺中廣播電臺空中英語演講比賽冠軍，歸功於李懷福老師的殷切指導。對其念念不忘，北斗名醫張協銘，每當家中飼養豬隻青黃不接時，常從旁伸援學費，故在學成之後，常前往致意，因他緊記韓信所謂「一飯之恩，泉湧以報」的名言。

2.孝思不匱：左傳有云：「孝思不匱永錫爾類」，印證在吳氏身上，可說屢試不爽。吳家在彰縣埤頭鄉十三甲本是富裕之家，乃父出身臺中師範學校，曾任教小學並出任副鄉長，只因當年率領二百多位農民抗議政府無償徵收田地，被視爲反叛份子，下令通緝，逃亡達一年半之久，兄弟姊妹六七人的學費全賴其祖母飼養四十頭豬來支應，故而自臺大醫學院畢業赴美進寇克郡醫院行醫乃至升任南加大教授，每月寄回一千美元（折合新臺幣四萬元之譜），以示孝敬。

古代老萊子彩衣娛親，旨在促進雙親心靈的歡樂，某年吳主委應日本岩橋教授之邀赴日本金澤市出席國際心律不整研究會並發表特別演講，便偕同乃父一起赴日，使其目睹兒子在國際上揚威而衷心大悅，比起甘旨無缺的孝敬方式更有意義。

3.樂觀奮鬥戰勝病魔：一九六八年吳氏在芝加哥寇克郡醫院擔任內科住院醫師，不愼罹患肺結核，被迫休息一年在家休養，並于肺結核醫院住了三個月，起初對不明病因感到恐懼和憤怒，繼而對生命的熱愛，轉爲對生命的失望以及對于奇蹟的期待，各種心理轉折輪番呈現。想起祖母賣掉五分地才買到一張五萬元（臺北——芝加哥）機票，千里迢迢來美，事業剛在起步，如就此病倒勢必無顏見江東父老，身爲長子的他若倒下，全家希望也隨之落空，言念及此，情緒低落至極。把在當醫師初期得了重病當作跌了一跤，也當成一個學習機會，懷著平常心渡日，既不怨天也不尤人，有時還會與友人開懷暢飲，大有陶淵明那種「應盡便須盡，無復獨多慮。縱浪大化中，不憂亦不懼」的襟懷。終于獲得痊癒，憶及臺諺：「草花仔蛇若是打不死就會變大蛇」。

4.筆致矯健風裁別具：有些傳記文章全在記流水帳令人倒盡胃口，而吳氏的回憶錄，波濤洶湧，高潮起伏，有如電影情節，令人愛不忍釋。試看生了一場病，接著是祖母之喪，全在低潮，不久升任南加大教授，又湧現情緒的高潮，似為否極泰來的象徵，本以為就此在美大展長才，終老于異鄉，誰知王永慶的聲聲招喚，又把他請回臺灣創立長庚醫院和醫學院。臨危受命出任決策會主委，兒子Lawrence奪得賓大醫學博士，可謂雙喜臨門。

本書略為符合電影劇本的三C原則，即衝突（Conflict）危機（Crisis）高潮（Climax），故能引人入勝。據悉吳氏對目錄的訂定曾多次修改，以期達到引人入勝之效果。

閱讀本書如閱杏林掌故，感到興味盎然，吳氏文筆深合敘事則如其口出寫景則如在眼前抒情則沁人心脾的原則，當然與其多年來不斷涉獵文史哲書刊，而能融會貫通大有關連。

他深知現代人過慣急管繁絃般的生活，不喜冗長語句，特意仿效海明威在《老人與海》中的短句，予人一氣呵成之感。書中幽默風趣的如珠妙語，俯拾即是，他參觀托爾斯泰農莊時，隨行的俄國導遊小姐一路吹噓俄國是工人的天堂，吳氏看她穿的是美國牛仔褲，便開了一個玩笑說：工人是俄國好，牛仔褲是美國棒，令人會心一笑。

他引述台塑總管理處楊兆麟說：長庚體系組成後，五人小組製訂醫院行政規章，每星期五的晚上在良士餐廳聚餐討論，幾乎吃掉一條牛才使長庚的經營上軌道，另一處說王永慶自行出馬或派人出面把吳德朗請回臺灣，也幾乎吃掉一條牛，才能遂其所願。同樣幽人一默博君一粲。

5.記憶力超強：許多人事物，歷經三四十年，儘管時過境遷，他卻仍然牢記不忘，比如我倆共同的老師李懷福，我只記得當我背出 morning 單字時，賞我一打鉛筆，而吳氏卻記得李師出身北平燕京大學外文系。對于我的數學老師林亨泰的現代詩，我只記得林氏的符號詩：山山山山山……把山字由小而大逐字排列，吳氏卻記得林師的風景詩那種節奏感，讀來有如貝多芬的第七號交響曲。對于大一大二共同爬山的同學，或常來寢室聊天者乃至愛當人的教授姓名，他都如數家珍，確非易事。

連往年看過的影片，他也牢記在心，其中頗多與我擁有共同經驗，啓動了我的陳年舊夢，記得我在臺中師範學校就讀時，某日看「巨人」影片逾時三十分始回校，被教官記過處分。現在想來覺其太過小題大作。至于「倫十字架的孩子」印象最爲深刻，記得某日深夜，突然吹起緊急集合號，全校一千人全副武裝持槍跑出臺中市通衢大道，然後于凌晨三時許進入豐中戲院觀賞「倫十字架的孩子」，劇情早已忘光了，吳氏可能還記得。

6.學術成就至為驚人：他旅美十年，先後于國際學術性刊物發表二百多篇醫學論文，可能創臺灣醫界有史以來最高記錄。他在伊利諾大學五年之間，每兩個月寫一篇論文，特別在房室傳導的電理，他有創新的發現，幾乎所有關于房室結雙路傳導的電理現象都由他發現，包括逆行性房室結雙路傳導及反面房室結迴旋脈，他也做了許多藥理學及房室傳導生理學方面的研究，並于一九七七年發表系列性電理學檢查作爲心振過速頻脈病患挑選有效藥物的方法，此法在八〇年代成爲標準的治療方法，廣泛使用于心室頻脈病人，可說爲我國醫界爭光不少。

他天賦過人快筆，二十四小時就可寫成一篇，一九七五年升任副教授時已發表近五十篇論文，全都在第一流的循環學雜誌，平均兩個月一篇，恰巧平了乃師羅森教授的記錄，吳氏的研究被列爲尖端醫學，全世界不超過一百人，他在研究房室結迴旋脈已成爲該領域之權威，確乎難能可貴。

吳氏三十九歲獲南加大聘任爲正教授，對其學術成就大爲肯定，他專教心臟電理學，多年來美國大學醫學院從未有過向開發中國家聘教授的先例。

建議

可能由於成書倉卒，在用字遣詞上難免出現一些瑕疵，不過瑕不掩瑜，無損于全書的可讀性。

1.偶見錯別字：比如收穫誤植爲收獲，收與獲皆爲動詞不宜連用，如同有人將去世寫成去逝，均非所宜。「振衰起敝」誤植爲「振衰起弊」，敝爲敗壞、破舊，弊爲弊害，意義有別。「心雄力拙」爲「心勞力絀」之誤植，拙是笨拙，絀是短缺，在此指力不從心，以後者爲宜。

2.前後不一：同是伊利諾大學，前半寫成伊里諾，後半寫成伊利諾，使人誤以爲兩所不同的學府。

3.約定俗成之譯名應予保留：巴爾底摩爲多年來沿用之名詞，如今出現巴底爾摩，感覺不大順口。此外，Longwood Garden，譯成長木園不如譯爲長林園，杜甫詩所謂「錦官城外柏森森」即是此理。

4.敘述有誤：書中所列「臺北醫學院」一章，指出洪冬桂爲謝孟雄院長的機要秘書，此處有兩個錯誤，一爲大學只設主任秘書而無機要秘書，一爲洪冬桂時任北醫之註册主任，課務主任及課外活動中心主任，備受謝院長賞識。一人兼三主管可能是過渡期的做法也未可知。

5.兒女的名字應標示中文：書中似乎只以Lawrence名之，而乃妹秀瑩的男孩也以Vincent名之，是否應予補列中文，以免予人忘本之譏。

6.吳氏與太太洪悠紀醫師的羅曼史，描述得語焉不詳，應多洩露一點細節，以滿足萬千讀者的偷窺慾。

7.漏列白秀雄有待商榷：白秀雄本爲吳德朗的北斗中學同學，也是我的多年老同事，據悉前二年並不用功，常看漫畫書和踢足球，被楊校長列爲頑劣生，後來在其姊夫邱創煥的慫恿下六個月內緊密衝刺，而後在大專聯考時，選填乏人問津的政大邊政系爲第一志願，上榜後於翌年轉入政治系，畢業後獲中山獎學金赴美哈佛大學深造，學成返國後出任實踐家專社工科主任，臺北市政府社會局長、副市長等職缺，現任臺北富邦銀行監察人，白秀雄爲吳氏同班同學，座位在吳氏的後面，據說與吳氏亦有趣聞發生，吳氏是否刻意漏列白秀雄，不得而知，可能由於醫界人士泰半爲綠營人士，而白秀雄藍營色彩太濃，恐慘雜政黨因素嚇跑讀者也未可知。

不過白秀雄改邪歸正的故事，可爲青少年作一明鏡，極富啓發性，敬請吳主委在未來再版時，予以補述，以求忠于史實，符合傳記寫作的最高法則。

結語

吳德朗今日的成就半由天賦，半歸于一己的奮鬥不懈，他的學術成就在臺灣雖不敢說絕後，至少是空前的，不僅令國人刮目相看，也深受外國醫學界推崇，其心臟電理學門生遍及東南亞及日韓等國，爲中國人揚眉吐氣。

在吳氏指導下長庚建立了穩固的醫療體系，帶動臺灣整體醫療體系的質變，在世界醫療品質的排行榜由十名外提升爲第二名，吳氏的躬親參與居功厥偉。

臺中一中可謂人才輩出，早期有已故的前副總統謝東閔，近期有前臺大校長陳維昭，連任兩屆立委吳敦義，前立委兼名作家李敖，放棄行醫專辦「健康世界」雜誌的王溢嘉，對醫學通俗化居功厥偉，另有臺大數學系教授楊維哲，以及轟動世界的吳德朗。

臺灣醫界眞是人才濟濟而又無奇不有，放棄行醫而唱民歌的有羅大佑；棄醫而鑽研心理學的有王溢嘉，善於撰寫小說散文的暢銷作家有侯文詠；擅長攝影的有謝孟雄；擅長膠彩畫和油畫的有趙宗冠；善畫粉彩與油畫的有郭國銓與郭宗正；擅長演奏鋼琴和賞析古典樂曲的有江漢聲；而吳德朗通曉古典樂曲並能套譜，又能品酒、烹飪、釣魚、玩橋牌，如今又來寫書，稱得上是全方位的生活大師了。

基于我與吳主委多年學兄弟情誼，特賦七律乙首聊申微意：

宏謨丕振興悠悠，論學上庠二十秋。
戛金敲玉元化術，歧嶷才高越人猷。
懸壺濟眾博佳譽，國際揚名感未休。
笑傲杏林闡醫道，匡時淑世卻旅愁。

（九十三年七月「今日生活」第三六一期）

林良的《和諧人生》

今年八十四高齡的臺灣文壇大師林良先生，筆名子敏，原先擔任國語日報社董事長，四年前以年屆八旬，辭去董事長之職，改由臺灣大學中文系退休的黃啓方教授接任。林良先生著述的《小太陽》、《在月光下織綿》等書，享譽國內外的文壇，也是我全家老少最愛看的文學書本。

屈指一數，我結識林良先生至今已三十七年了。當年我在臺北讀師範大學時，常常替國語日報社的體育版主編柯劍星先生寫些與體壇相關的訊息。有時爲了爭取時效，還親自從師範大學送稿子到國語日報社給柯主編。透過柯主編的引介，認識了林良先生。林柯二人都是多年桌球雙打的搭檔。後來因我主編《今日生活》月刊，每年社慶時都向林良先生邀稿，林先生總是有求必應。那時林先生還鼓勵這個月刊能長久編印不斷。果然這個月刊現已成爲各大學碩果僅存的刊物。

在此，我謹以「寶塔詩」一首，獻給林良先生，聊表敬意：

林
林
異稟
奇珍
敷澤遠
功夫深
才比班馬
文如柳韓
對月抒豪興
看花俗慮蠲
一心併力撰述
八四嘉辰情牽
著作等身惠萬眾
期頤在望笑聲頻

《和諧人生》的特色

林良先生的《和諧人生》自民國六十二年（一九七三）出版後，十分暢銷；據說從六十二年起到去年（九十六年）已印出將近百版，堪稱臺灣出版界的佳績。這本書之所以能暢銷，能膾炙人口，即在於此書處處展現出智慧的火花、過人的長處。茲分述其特色：

一、推陳出新：在四十四篇專文中，諸如：我最喜歡的人、談立志、談活著，雖然都是熟透的題材，他卻能生動寫出創意。他把父母兄弟的形影，融入生活的脈絡中，感知其生活經驗與心路歷程。全書語言清晰，夾敘夾議，節奏靈活有序，格外引人入勝。

二、善用排比：此書中對於排比句子的運用嫻熟，令人擊節讚賞。例如：「容易生氣的人，大半是逆境中人；也許是經商失敗，也許是子女不長進，也許是收入不足，也許是負債太多，也許是夫妻失和，也許是跟朋友鬧意見，也許是受人誤會，也許是受人侮辱，……」

這有如宋人李清照的運用十四個疊字「尋尋覓覓，冷冷清清，悽悽慘慘戚戚」，都是絕妙的排比句。

三、善用對比：前一段「對比」句是列舉許多相同結果的例子，快樂的都舉快樂的，悲傷的都舉悲傷的。這一段「對比」句則是列舉相反不同結果的例子。快樂的相對悲傷的。例如：「出色的生意人，對貢獻有熱情；小小的生意人，對貢獻相當冷漠。他指揮不動一個小孩子；但卻把整個人類的文明帶著往前飛奔。」

四、頻見哲理語：在這本書中，哲理語俯拾皆是。文章的風格內涵與哲思相表裡，更能感人心脾。例如：「寬恕、諒解、同情、容忍、仁愛，才是眞正快樂的根源。」林良先生說：「精神緊張，皆由環境的暗示造成！」「忍耐的智慧裡，含有大量財富。」頗能切中時弊！

五、迭見新詞彙：國語日報六十年來，出現了好幾位智多星、點子王。有一位是筆名「何凡」的夏承楹先生，他所創造的「惡性補習」（簡稱「惡補」）一詞，在臺灣已沿用將近五十年。林良先生在此書中也創造了不少新詞彙。發生車禍的汽車是「死亡機器」，電風扇是「造涼機器」，把心中的感應說是「心理火車」，脾氣壞的人是「動物性經驗」，有成就的教師是「忍耐夫子」。

六、善用比喻：德國哲學家尼采曾經用「發脾氣，好比把房子燒掉去找老鼠」，比喻「得不償失」。林良先生在這書中也有許多比喻。他說：「忍耐是春風是雨水，只有忍耐才有鮮花青草，才有生命綠洲。」「傲慢像戴花的狼，樂觀像一朵不謝的花。」

七、觀察力敏銳：林良先生爲人忠厚，做事細心，觀察力敏銳；在這書中就可以看出端倪。他說：人之升遷，常被小毛病拖累。我深表同感。我曾見一位教授本已被校長欽點接任下一學年的系主任之職，卻因他在送呈的公文中寫了兩個錯字，就遭校長擋了下來。我在擔任二級主管時，有一次忘了出席行政主管會議，被視爲拒絕出席，就把我拉下臺了。

八、文字淺出、內容深入：他的書中提到「人緣」，現今的人際關係受到價值觀的演變而變質。例如：功利化、短暫化、表面化、孤立化。他的論述，切合心理學所謂的「人際吸引理論」。在職場上，大家喜歡和志同道合、價值觀相近的人在一起工作、生活。要展現好人緣，就不要批評責備別人，對人要給予誠心讚美，專心傾聽別人的訴說。林良先生說：「尊重別人，一如尊重自己。」

讀後獲得的啓示

讀了《和諧人生》之後，使我體會到林良先生的大師風範，難怪這本書能暢銷三十多年。他在書中提到快樂，論及快樂的人。他說：快樂的根源是在寬恕、諒解、同情、容忍、仁愛，側重於心理層面。

人與大自然的「和諧」之樂，也很難得。試看宋朝大儒程顥所寫的〈秋日偶成〉詩：「閑來無事不從容，睡覺東窗日已紅；萬物靜觀皆自得，四時佳興與人同；道通天地有形外，思入風雲變態中；富貴不淫貧賤樂，男兒到此是豪雄。」蘊含孔子及顏淵安貧樂道的旨趣。在物欲橫流的今日，值得加以提倡。

書中談論人的生死問題，以及達觀態度。孔子曾經夢到自己奠基於兩楹之間，預感到自己的死期已很近，早晨起床後，就扶杖逍遙詠歌以自輓。這樣看破生死的智慧何其難得！求生，惡死，是人之常情。堅持活下去，正是賢哲志士的行爲準則，如今有的人竟然因爲某些不如意就輕言自殺，值得再三警惕。

林良先生提到：忍耐功夫，包括智慧、壯志、積極勤奮的生活態度。這的確是他的閱歷有得之言。我回溯二十多年前，本來打算向教授寶座提升，卻因支持我升級的長官離職轉去別的大學，我只好取消了這個打算，而改向詩詞的創作以及書評、藝術、影評的寫作。經過十多年，寫了三百多篇，出版了三四本書，被母校（現在的臺中教育大學）選爲傑出校友之榮銜，還被日本一所大學聘爲客座教授。

林良先生說：「人必須在工作中體會自己的存在價值。」我也體會良深。三年前，我退休後住在家裡，無所事事，感覺十分無聊。這時恰巧我住的社區裡有社區發展協會策畫編印社區報刊，協會理事長蔡先生邀我擔任社區報的主編。我就以曾經主編校刊二十年的經驗，基於「一理通，萬理徹」的原則，駕輕就熟，主編了社區報《大直報導》。出版後，受到社區居民的肯定。看到大家爭先恐後的閱讀，我就把一切勞累拋之於九霄雲外了。存在的價值就是這樣。

以前我經常閱讀國語日報刊登的「子敏」林良先生所寫的〈茶話〉，現在我也經常看國語日報家庭版刊登的林良先生寫的〈夜窗隨筆〉。他的文章，眞可以用「佳句鏗鏘擲地金」來形容啊！

（本篇全文八千字，部份節刊國語日報《書和人》第一一〇〇期；部份節刊「今日生活」三九八期）

台灣新詩人——林亨泰

林亨泰老師

近日，捧讀玉山社出版的《八卦山下的詩人林亨泰》一書，感到格外親切。因為林亨泰先生是我五十四年前就讀彰化縣北斗初中時的班上老師兼導師。前年他榮獲第八屆國家文藝獎（新詩類），我曾草擬一首七律予以致賀：『畢生盡瘁興滔滔，濟世匡時合獎褒。桃李盈庭償宿願，春風化雨挽狂濤。才追長吉吟情健，志繼劍南藻思豪。望重國門仰泰斗，昌詩弘道建功高。』（編者按：林亨泰是國立臺灣師範大學的前身——臺灣省立師範學院，民國三十九年教育系畢業生。）

林師又是我的北斗同鄉，故而書中所呈現的人事物，都是我少時就已知的；拜讀此書，使我重回童年嬉遊之處所，勾起我的回憶。林師的恩師王萬居老先生還是我的鄰居，曾是鎮上擁有黑頭轎車的第一人（時任臺灣省農會理事長），其長女玉青小姐，是我北斗初中的學姐，時相往來，後來她考入彰商，我考入中師，始告分道揚鑣。

林師所創「笠詩社」的成員中，我只認識兩位。一是趙天儀，多年來他一直任教於臺中靜宜大學，每年暑假在臺大參加大學聯考閱卷時，常會碰面，對其文學才華至表欽仰。另一位是已故的女詩人陳秀喜，從前由我表姐夫林上德介紹，前往北投探訪她。當時見到其夫婿與一群朋友在打麻將，而她則與一群文藝界友人彈琴、吟詩。我就覺得其夫妻志趣如此南轅北轍，恐難共偕白首。果然時隔兩年餘即宣告仳離。

康原簡介

康原，本名康丁源，是本書作者。他籍隸彰化縣芳苑鄉，今年甫屆花甲之齡，也是我昔日門生許淵源就讀員林社大臺灣文學課的指導老師；日前有過一面之緣，覺其學養精深而又坦率眞誠。

康原在臺灣中部文壇享有「八爪魚」的雅號，不但擅長景觀設計，還曾爲彰化縣政府設計八卦山文學步道，並精於童謠、小說、散文乃至新詩的創作，迄今他已經出版過《臺灣農村一百年》、《總裁的故事》等四十餘本書，幾乎是每年一本，足可與文壇才子林清玄之多產相媲美。

他雖僅具空大文憑，卻能出任彰師大臺文所「作家講座」講師，並於彰化、員林二社大講課，擅長以詩歌傳唱臺灣文化。

近年他協助彰化縣文化局推行「大家來寫村史」，績效卓著，遐邇聞名。旨在爲村莊留下紀錄，以在地者觀察自己家鄉事，尋求過往的回憶，用文字及圖象尋求共同生活的軌跡，去年已出過十本村史。康原是「大家來寫村史」的靈魂人物。他長於文學創作，曾參與芳苑鄉誌文化教育篇的撰寫，如今全心投入村史的寫作與推廣，投入田野調查，記下爲人漠視的常民文化。他推出一本《野鳥與花蛤的故鄉》——漢寶村的故事；其門生邱美都、張碧霞分別推出《瑚璉草根永靖心》和《鹹酸甜的番雅崙》，師生同臺演出，傳爲杏壇佳話。

康原因爲曾與林亨泰共事於彰化高工（民國五十九年至六十三年），兩人都長期居住在八卦山腰，康原嫻熟八卦山地形地勢，出版過八卦山詩集。當他撰寫第一本林亨泰傳記時，自然將此書定名爲《八卦山下的詩人——林亨泰》。

康原透過詩人與土地、人民的互動，去透視其作品與臺灣文學的歷史關係，八卦山應是詩人心目中生活與詩的重要意象。

本書特色

㈠一氣呵成：全書分十六章，從林亨泰出生的北斗開始，敘述其求學過程，接觸現代詩，並參與現代派運動，創立「笠詩社」，榮獲磺溪文學獎、臺灣詩獎、臺灣文學家牛津獎、國家文藝獎等，終身寫作不斷，句句珠璣，篇篇精采，娓娓道來，一氣貫注，極盡行雲流水之妙。

㈡細究原委：康原的觸角極爲廣闊，連林亨泰故鄉北斗的氣溫都加以探究。略謂北斗處於亞熱帶氣候區，一月平均溫度爲攝氏十五度以下，七月平均氣溫爲攝氏二十八度，年平均爲二十二度，是個四季如春、氣候宜人之地，不但適於農作物生長，也適於詩篇創作。

林亨泰爲何遲至四十歲才娶中師畢業的女教師黃綺雲爲妻？因爲早年母親早逝的陰影埋藏在心中無法忘記。其父於其母去世百日內續弦，使其百思不解，連帶影響他的晚婚。憑他天資穎異，爲何一九三七年報考臺中一中竟告落榜？蓋因喪母未久，心中抑鬱，心神不安，父望子成龍心切，硬要他報考臺中一中。據悉當年中部地區一百人應考，只有我表兄卓木鐸一人上榜。錄取率之低可以想見。林亨泰後來轉考臺北中學（即今之泰北高中），始獲錄取。

林亨泰立身行世常抱持同情與憐憫之心，那是由於童年時期，一有空閒就到離家不遠的牛墟玩耍，目睹買賣牛隻的過程，待售牛隻的反芻現象，乃至殘忍的殺牛行爲，以致對牛乃至一切生物產生憐憫之心。

喜歡考據成癖的康原，對八卦山的命名由來，也多所著墨。一說與周易八卦產生聯想，連橫的《臺灣詩乘》中收錄晉江秀才蔡德輝八卦山詩：『曉登八卦山，歸來讀周易。掩卷一回思，山行尤歷歷。』另一說，在臺灣反清運動中，不論是林爽文、戴潮春、施九緞等都與八卦會有關，也都打過八卦山。八卦會是天地會的別稱，天地二卦就八卦而言屬於乾坤二卦，屬於八卦之首二，乾隆年間，天地會活動以彰化爲中心，彰化的民族運動是反清運動首要之一環，固稱扼守層障山崗爲八卦山。

㈢拈出多元特質：

A、他一生創作可分三期：一、銀鈴會時期（一九四五年至一九四九），以日文寫作滿懷社會改革理想。二、現代詩時期（一九五二至一九六四年六月），提出主知的優越性和方法論的重要性。三、笠詩社時期（一九六四年六月至現今），強調時代性與本土性，主張現代與鄉土並不衝突，相信現代的成果必能落實於鄉土之上。

B、善於調理時間：古今中外偉人的成功關鍵，皆在於很會支配時間，林亨泰亦然。十八歲曾染上惡性瘧疾的他，被迫在家或在宿舍休養，這段期間閱讀許多文學書籍，奠定優秀的基礎。這如同名醫吳德朗在美行醫時不慎罹患肺結核被迫休養一年，而閱讀了昔日臺灣所禁閱的書籍。巧合的是兩人都是合興小學畢業生。

在二次大戰期間，臺灣居民必須經常跑到防空洞或大樹下，躲避美軍B29飛機的空襲。在此段期間，林亨泰廣讀哲學、教育與心理學方面的書籍，此非一般青年所能及。上中學高年級時，每逢星期假日必留連於幾家舊書店之間去翻書，從而了解了休謨、葛楚德、史坦因、艾略特、梵樂希等名家。較之今日青年只知沉溺於夜店、MTV，相去何啻天壤！

C、媲美柳下惠：林亨泰自幼受到日本禮教及中國儒家思想的薰陶，深諳「發乎情，止乎禮」的規範。他在田尾國小教四年級女生時，某次輪到使用布尺對女生量胸部，當他向女學生宣布：等一下要量胸部時，個個交頭接耳，都無其他動靜，他才想到自己是男老師不方便對女生量胸部，不由得感到尷尬，便委請一位日籍女老師代勞，才順利完成體檢。

民國四十年林亨泰在北斗初中任教時，租屋住在已故北斗名醫林伯槐遺孀陳秀梅（時任北斗國小護士）家中，共處於同一屋簷下將近兩年，始終未逾越男女之防，堪稱現代柳下惠。

民國四十一年，林亨泰設籍於彰化市大成里九鄰，三餐就在附近銀鈴會會員陳素吟女士家搭伙。後來深恐物價波動過劇，便將微薄薪水去購買黃金，因而發揮效益於彰化市中山國小之山坡下買下一棟舊違章已合法的房子；行年三十二，未婚，已有房子，念及陳素吟曾協助他出版詩集，而住處也是租來的，此時租約已到期，林亨泰便發揮投桃報李的精神邀請陳素吟母女及乃弟搬到中山莊同住，形同一家人。生性耿直的林亨泰與陳姝維持「發乎情，止乎禮」的君子之交，從未越軌，傳爲杏壇佳話。

D、善用諷刺筆法：林亨泰服膺赫胥黎所謂「諷刺也是文學」的名言。他對當時萬年國會中不願意退職的老國代（國民大會代表），以一首《賴皮狗》控訴之：「樓梯的邏輯／只有／要上，就上去／要下，就下來／邏輯的樓梯／只能／不上，就向下／不下，就向上／可是這隻獸／只想／一直賴在這裡／不上，也不下。」以樓梯來比喻不可久留的地方，因爲這是上下樓必經的通道。不能霸占的坐在上面。如果把國民大會看成是通往民主之路，國會議員就必須經常更替，但臺灣由於某些歷史因素，存在著永遠不必改選的國會議員，才被譏爲「萬年國代」。

另有一首《一黨制》：「桌子上／玩具鋼琴／白鍵／黑鍵／只有／一音。」也帶有諷刺意味。詩人找來玩具鋼琴，表面上琴鍵有黑白兩色之分，其實發出來的音階卻相同。對照戒嚴體制下的所謂民主國家，檯面上看似有互相制衡，實際上是執政黨專政，民主只是虛假的框架，而反對薰是裝飾在廁所的花盆。

㈣切膚之痛飽受折磨：

林亨泰一生難得有安好無恙之時，造物主似乎苛待他，少年時患惡性瘧疾，四十六歲患腎臟炎，請了一年長假轉為慢性；至今三十年間腎機能檢查保持正常邊緣，六十一歲出現十二指腸潰瘍出血，住院有五次之紀錄。七十歲罹患中風，至今仍有頻尿現象，苦不堪言。

㈤詩作所獲評價：

評論家呂興昌說：林亨泰的詩始於批判，走過現代，定位鄉土，每個階段對臺灣文學都起了重大影響。

詩人李魁賢說：作為一位現代主義的信奉者，他不但以詩作實踐和示範，也以論文鼓舞和辯解。他堅持不懈努力和創造，已成一種典範。

詩人蕭蕭說：他的詩，冷如匕首，但刺出去的力勁都熱如鮮血。冷的是：語言的削減，情緒的濾除；熱的是：生命的活力。

二〇〇四年，林亨泰獲得國家文藝獎（新詩類），其共同評語為：「他的詩充滿濃厚的鄉土色彩，並對時事深入探討與批判，使他獨到的詩與作品連成一氣相互呼應。他在創作與理論的開創上可以說是現代詩壇的典範，而他對創作的熱誠與生命的摯愛更受人景仰，其不朽成就在臺灣詩壇上彌足珍貴。」

大醇小疵

㈠也許因爲康原事多忙碌，以致將韓戰爆發的年代記成一九五一年，其實應爲一九五〇年。失之毫釐，謬以千里。記得數十年前，李元慶曾提供一個巧妙的記法：「韓」字的右上角不就顯示「五〇」嗎？就像「慶」字中間像個「世」字，便可聯想到《世說新語》的作者是劉義慶。

㈡對於某些約定俗成的成語，應以忠於原典爲宜。康原在書中將「刻不容緩」寫成「刻不容延」，筆者覺得前者讀來較爲順口，實有調整之必要。另外他將「借用」寫成「藉用」，也有待商榷。此藉與彼借，有所區別，不應混淆。

㈢另一缺失爲林亨泰在臺中一中落榜後轉考臺北中學，臺北中學究爲何種學府，始終未予點明爲現今之泰北高中。在年表中雖曾拈出過，但對粗心的讀者，不易體會。

㈣在此書的第五十九頁，康原兩次將外省作家誤寫爲「省外作家」，可能出於無心之錯誤。

㈤由於羅列過多資料，或旁述太多間接問題，使得傳主夾在許多資料之中，難以看出他的創作歷程與詩觀的改變及作品風格演變的軌跡。比如：提到跨越語言的一代之詩人，究竟如何跨越語言的障礙，心理有何種轉折和困擾，與其他詩人如陳千武有何差別，也未深入探索。實爲美中不足之處，值得再版時予以增補。

㈥年表對照臺灣文學大事紀，加強傳主與臺灣文學之間的發展關係；有些資料稍嫌簡略，使得這分深意未能充分展現。

結語

林亨泰自四十年代即展開詩的創作活動，是臺灣詩壇的重要作家，也是時代的最佳見證者。自戰前的銀鈴會至六十年代的笠詩社，其文學軌跡至深且遠，留下最爲重要的一頁。他認爲，詩在修辭上的遣詞用字，不是頂重要；詩之所以引人入勝，在其語言對意象的喚起力量。這確爲眞知卓見。日本之進軍世界文壇，由西化而現代化而國際化，川端康成於一九六八年獲得諾貝爾文學獎，歸功於他對歐美新思潮有過一段熱忱而虛心的吸收；一生無時不在追求其所熱愛的日本山河之美，亦無時不在表現他盛讚的日本文學之美。如果他囿於畛域的傳統文學的因襲，相信他跟許多無以計數的日本人一樣，永遠只配做個島國的小作家而已。

林亨泰的詩作已驚動美、日、法、英等國詩壇。我建議文建會：早日洽請專人，將其全集譯成英文、法文。有朝一日或許可步旅法詩人高行健之後塵，受到諾貝爾獎評審委員的青睞，爲臺灣詩壇大放異彩。

九十五年八月五日　國語日報《書和人》第一〇六一期）

評《林欣欣回憶錄》

一、引言

甫于去年榮膺台南市模範母親的林欣欣女士，最近由昱盛印刷公司印行一本「溫柔的堅持—林欣欣的豐盈人生」（又名：《林欣欣回憶錄》），我花了一週功夫細讀一遍，覺其不僅文章精美，氛圍清新，有一種說不出的美感，而且還感受到一種少見的親切，這種親切感來自作者的人生態度和爲人處世的風範，細讀此書，看到朗照萬物和人生的燦爛陽光，滲入熱愛生命的心靈。由書中含蘊暖暖的春意和溫情的光輝，作品中展現的燦爛陽光是她內心陽光的折射，作品中所表現的人生態度和現實生活中所擁有的人生實景是一脈相承的。她從不用壞心眼去臆測別人的舉措言談，也不誤解人家的好心善意，更不憂心掛懷別人對她使陰謀耍手段，因爲她的胸懷是坦率豁達的。

全書約爲十二萬言，可謂字字珠璣篇篇佳構，堪稱是當代的家族史，也是教育史和社會史的縮影。

一般而言，傳記的撰寫必須依循下列幾個原則：

㈠落筆莊重嚴謹：不捕風捉影，不道聽塗說，不挖人隱私；㈡修短合度恰到好處：最好介於十二萬至十五萬字之間；㈢多用動詞及積極的口吻，少用負面性語詞；㈣多描述自己的性向、專長、興趣、才能及人生觀、價值觀，以供讀者取法。㈤臚列心得經驗，對事物看法及生涯規劃，展示一己之學養與潛力，㈥擷取人生各階段最愉快及最痛苦和最敬佩喜歡的人物，予以著墨；㈦掌握詳近略遠的原則。時間久遠之事輕描淡寫，較近之事詳加敘述。

綜觀此書大致符合上述旨趣。不愧是台大外文系出身的高材生。

回憶是作家最常使用的方式，林女士的文章，幾乎處處彌漫著追憶的濃郁色彩。通過追憶流逝年華的敘說，作者敏感到眼前的生活與以往的歲月是一個統一的整體，作者的美文亦是通過追憶來展示生命的意蘊和價值；通過追憶，她向人訴說生命的眞諦；通過追憶，她向人展示獨屬于自己的情；通過追憶，使人看到人性的純眞、友情的可貴；透過追憶，使人體會到兒時的歡欣，家庭的溫馨，父愛母愛及精神寄託之重要性，在林女士筆下，追憶成爲進入過去的通路，成爲將生命的歷史與現實及未來接連在一起，並使之顯露出生命本色的紐帶。

追憶使以往的生活瑣事有了新的心理意義和情感價值，透過她的追憶使讀者感受到一張張褪色的相片與歷經蛻變之後的堅貞之關連性。

追憶不僅僅是一種寫作的手段，一種方式，同時也是賦予生命的事件和物品的情感意蘊和精神價值的過程。

追憶是林女士寫作的一個顯著特徵。歲月塵封以往的生活，追憶卻洗淨了以往生活的封塵，把幾乎爲人遺忘或牢記的生活引入現實的存在，賦予人與事物相關的心之形式。

本書每篇都濃縮了一生，每個題目都深深淺淺地寫出兩個字—歲月，這是屬於人類最基本的經驗，只是由中年步入壯年晚年之後，感覺纖敏的女性寫來格外觸目罷了。在歲月流逝之中，總有變與不變，也有屬於自己的瞬間與永恆，或爲自得其樂的怡然神情，或爲對命運的謳歌，或爲對自己所作所爲的滿足情態。

作者自謙爲平凡之人，其實平凡中有不平凡，才顯出讀書人知性的驕傲，女人受過高等教育也應把家庭當作事業天地，就因受過高等教育更知家務之瑣碎折磨心智之痛苦，仍應勇敢地回到家庭去，能將日常瑣碎事物處理得津津有味，才是眞正高明的敘事才能。

作者的文章屬於與家的過去牽繫著的那一切，愛使作者快樂，即使受到挫折也不稍減，她不靠回憶與過去維持生趣，更深愛現下擁有的一切，的確，兩代調教出九個醫生在當代台灣能有幾人，建議台南市長許添財，推荐林女士角逐全國模範母親，以供全國婦女倣效。

二、讀後感想

捧讀本書，立即連想到五C：

①compensation（補償）：心理學上有所謂補償作用，比如醜陋的女孩較喜打扮；沒有高學位的教師，教書比較賣力，林女士自幼酷愛音樂，本擬報考師院音樂系，嗣因乃母認爲畢業後須任教三年，不易擇夫配婿，只好作罷，幸虧後來長媳蘇玫慧出身師大音樂研究所，

故而家中仍充滿音樂氣氛。②cleverness（聰穎非凡）：語云：有其父必有其子，同理，有其母亦必有其子，林女士在高中時期常獲作文、演講比賽冠軍，她的六子則於世界兒童畫展獲得金牌，頓時轟動遐邇。老三宗佐也曾以「門鈴」一文獲得國語日報六十一年二月份每月徵文賽首獎，才智之聰明自然不在話下。③corrspondence（和諧）：姊妹三人都很和睦，每一次出門購物，一定會購置三份，因彼此有默契，尤其林女士深知妹妹們想吃什麼，想穿何種衣服。④cosmopolitan（四海一家）：本來夫婿反對國際婚姻，只准娶本國人或台灣人，但因只有長子學成回國掌理院務，其餘五子皆在日本創業或就職，也就不再反對，好在每位都獲得博士學位很快便找到對象，如今已有三位日本媳婦。⑤coincidence（巧合）：小時候三姊妹扮家家酒時，老三澄枝常扮演校長的角色，不料長大以後，林澄枝果然當了六年的實踐家專校長。

三、本書特色

本書敘事抒情，宛若潺潺流水，讀來津津有味，依我觀察共有幾個特色：

①記憶力特強：以往我所見，在台灣女性中記憶力最強的是李鍾桂，不作第二人想，如今始知遇到對手—林欣欣，一般人對一至六歲的事物早已忘光，而她卻記得幼稚園老師叫蔣愛；小學校長叫山田親法。連數十年前台南市長卓高煊她也記得，眞令人嘖嘖稱奇。

②尊師重道：我在各級學校任教四十年，從未見過像林女士這般尊師重道的學生，五十

年前南女老師劉大澄，因故偕師母蟄居上海，她便偕夫婿前往探望。左傳有云：「孝思不匱永錫爾類」，確非虛語，由於林女士對老師的敬重，兒子也受其影響，幾個月前老二宗明自日返國感念從前建興國中的國文老師梁景芳，便去電查詢梁師之電話地址，當即予以問候，令人感動萬分。

③至情至性的流露：林女士廿三歲即將與郭國銓結婚，乃父心中難捨難分竟然躲入房中暗自飲泣，若非父女情深，怎會如此黯然神傷，這是人間至情至性的表露。

④兩代出九名醫師創新紀錄：在台灣醫學界，以往就我所知，長庚醫院吳德朗醫師兄弟兩代出八名醫生，已很稀奇，林女士的兒孫出了九名醫生，可望創新紀錄。如果連老二所娶日籍媳婦共有十名醫師更爲可觀了。

⑤犧牲奉獻無怨無悔：民國六十一年林女士與夫婿商議，決定將六個兒子送往日本求學（最大十四歲，最小八歲），對日文一竅不通，由她充任翻譯、老師、秘書，每天爲其調理三餐、削鉛筆，幾乎只睡三小時，某次在搬書時傷了脊椎，而致成脊椎移位症，先後開了三次刀。

林女士堪稱是孟母與歐陽母的合體，此恩此德昊天罔極。

⑥代夫捉刀：林女士在台大外文系念三年級時，夫婿已出任台大醫院實習醫師，由於分身乏術，特請林女士代將英日文學術論文翻成中文，她自己要寫報告，又要爲夫婿捉刀，忙得不可開交，竟然寫出十五篇，其學養之深不在話下。

⑦手足情深：林女士與二位妹妹默契極佳，任何一個先開口，另二位就能意會到她的心意。三人皆能以對方的立場設想，虛心接受建言，故彼此感情至爲融洽，只要買到好吃的東西和漂亮的衣服，一定與大家分享，比古代的孔融讓梨還要感人。

⑧樂善好施：林女士宅心仁厚樂善好施，在南女就讀時，常用紅藍筆在筆記上加註記，考試時命中率極高，考前便有許多人向她借用，她都來者不拒。在醫院處理院務時，如遇窮苦病患，除了優待醫藥費，還要贈送奶粉給嬰兒補充營養。

⑨幽默風趣：夫婿郭國銓極爲幽默風趣，常要耍些小把戲，某日一位病患來找林女士，他答：「不在了」，害得她急急送來白包，始知誤會了。

林女士在台大宿舍，某日肚子餓了，就向上舖的陳理俐要奶粉，竟將奶粉瓶內的洗衣粉拿來喝，把衆人嚇壞了。

三、小瑕疵

世無十全十美之人，亦無十全十美之書。本書亦有幾個小瑕疵：

①第九頁四行苦處改苦楚；②第十頁一行輕聲細步改爲「躡手躡腳」；③第三十頁三行仕隆改爲仕隆莊；④卅二頁二欄八行：林吉改爲林吉有；⑤四五頁二欄八行，一般改爲一斑。⑥五四頁二欄十四行「期間」改爲「其間」；⑦七十頁右上角：無人蹤跡改爲杳無人跡。⑧七十頁六行「無味」改爲「無謂」；⑨二四五頁第二欄46行唯恭唯敬改爲必恭必敬。

⑩二七九頁原詩：

洵訏胸襟若浩瀚，淡漠名利似輕風。
默善不敵雷針響，美韻都跨萬里雲。

平仄及押韻均不合規格，建議改爲：

恬逸胸懷衆所欽，世間名利若浮雲。
好施樂善人咸仰，子肖孫賢笑語頻。

四、結語

林女士之生活內涵至爲充實，知識範圍之廣博，遠非常人所能及，她寫此書，既要有情思的凝聚與張揚，又要思路開闊，還要善于把情感揉進作品的字裡行間，整體而言此種散文筆法頗能感人肺腑，在她筆下，所思所寫與所想所行是統一的，把筆甩開去，再把筆收攏來，這就是林女士的獨到之處，醞釀三年有此佳績殊爲難得。

（97年9月「今日生活」三八九期）

評林澄枝的《眞澄歲月》

捧讀《眞澄歲月》（林澄枝的故事）可說是有生以來最感親切的一次閱讀經驗，因爲書中人物十之八九皆爲我所熟悉者，連作者張麗君都有早年新生報前後同事之誼。

全書十五萬言，分爲生命的高峰、成長的步履、婚姻協奏曲、最年輕的大專女校長、迎接新挑戰等十章，其中第五章在我讀來最爲窩心，因爲林澄枝當了我五年的主管，對於她的行事風格、統御能力，有著深切的體會，整體而言，她予人望之儼然即之也溫的印象，雖已年屆古稀之齡，但因養生有道、駐顏有術望之猶似五十許人。

記得在她就任實踐家專校長屆滿五年時，我曾致贈一首七言絕句：「上庠祭酒垂名鴻，桃李三千綠滿庭。一片蘭心蕙質雅，菁莪樂育致蓴誠」。如今讀來依然受用。

宅心仁厚　用人不疑疑人不用

書中說林澄枝像她的公公謝東閔先生，確乎不錯，兩人都具有宅心仁厚及用人不疑疑人不用的優點，記得四十年前我初到實踐，每周到校一天負責編纂校訊，十月的某個星期日，我在辦公室加班，爲謝求公發現，親切地說：「明天我叫人事主任爲你調薪」，原以爲調個一二成，沒想到調高了一倍，使我自揣：今生今世永爲實踐打拚。後來在一九八四年我赴美出席第三十六屆全美漢學會議並發表論文，我已向校方領得一千五百美元的旅費，她私下又自掏腰包贊助我一千五百美元，使我在充裕的資源下度過最舒適的異國之旅。在人心澆薄的今日社會，如此善待部屬的長官有如鳳毛麟角。

謝求公最能秉持「用人唯才」原則，他任省主席時，任用顧斌出任交際科長，不意香港××天地雜誌寫了一篇報導，略謂顧氏在教育部供職時風評不佳，建議謝先生重新考慮，謝求公說：「孔夫子連強盜都敢收爲門徒，我怎可聽信道路傳言，就將一個人才埋沒了。」

林澄枝校長亦然，我任出版組主任並兼《今日生活》雜誌總編輯外加對外的新聞發言人，有人便向她進讒言說：「陳某既未留日也未留美，更未取得博士文憑，爲何加以重用？」，她答：「我認識他十年，你只認識一年，不應妄作尖刻的批評。」使我感到無比窩心。

從政滿十年　不忮不求

十多年前，她的長女文宜小姐結婚時，林校長雖已卸任，但她希望女兒的婚禮表現一點文藝氣息，便要求所有國文老師（由三十歲到七十歲），每位各寫一首嵌頂詩，我寫的是：「振衣千仞見眞章，宏道丕開禹甸光。文采飛揚驚四座，宜家宜室滿庭芳。」竟獲錄用，詩句張貼於圓山飯店的牆壁上供各報記者抄錄，使我產生無比的成就感。

《眞澄歲月》堪稱文如其人、人如其文，張麗君說林澄枝多年來由婦工會副主任、主任、而國大代表、文建會主委、副主席，每一個角色都能扮演得出色當行，在家庭和事業的經營上都能交出漂亮的成績單，主要由於她具有智慧、美麗、慈悲、認眞等特質，我想另外應加上她的知人善任，不忮不求，統御能力過人，默默耕耘，不求聞達，否則踏入政壇剛滿十年，怎能在中常委的票選中以二〇二票獨佔鰲頭，若非功力過人曷克臻此佳境，後來聽說那是謝求公鼓勵她在選前一夜打電話的成果，若無廣闊的人脈，怎能脫穎而出。

由於林校長小我一歲，故而她早年接受惡性補習折磨乃至躲美軍B29轟炸機空襲的描述我都感同身受，最妙的是，她在二二八事件中，家中曾窩藏了幾個外省籍老師，乃父帶了幾個外省同事回家，在她家躲藏好幾天，一個躲在浴桶內，上面有蓋子蓋著，還有一位包著外婆的頭布躺在床上。（見第十五頁），我也窩藏過一個逃兵楊新科的經驗，雖不懂窩藏犯人的罪過有多大，但內心的恐慌也是免不了的。

愛情至上　電燈炮變女主角

在愛情之路上，林澄枝是個執著之人，無怪乎她是O型人，儘管當時謝孟雄身邊已有一位女友，偶爾會買音樂會或三軍球場籃球賽的門票給她充當電燈泡，後來謝孟雄轉移目標，把電燈泡當成主角，她也當仁不讓，不致有鳩巢鵲佔的罪惡感。

她在外頭當黨政高官，常可發號施令相當風光，但回到家裡她扮演傳統的家庭主婦角色，接電話連絡謝孟雄打網球或游泳的時間，或錄下謝孟雄喜愛的電視影片，所謂動若脫兔靜若處子她可當之無愧。

令人津津樂道的是，她在擔任黨職時，雙向溝通效果良好，許多基層婦女由完全不信任到認同，使她在三屆立委及首屆省長及民選總統選舉時，掌握了大多數的婦女票，立下汗馬功勞，我想良好溝通是延續她在擔任校長時的行事風格，當時如有某位老師被學生評量爲不受歡迎人物時，她就會與之詳談，旁敲側擊地勸其改善教法與理念，當然她的賢母與淑女風範得之於嚴謹的閫教，記得小時候，某日她說：「剛才偷偷去喝了一口茶」，乃父勸她不可說「偷」字，對於生活細節之講究，於此可見一斑。

張麗君說林澄枝從不疾言厲色，確非過譽之詞，在我的印象中只有一次例外，某次，我在《今日生活》雜誌錄用一位台大醫學院學生的文章，他將女性分泌物說成極不雅的名詞，林校長皺一皺眉頭說：「陳主任，這一期的雜誌我不敢帶回家給女兒看」，使我羞愧得無地自容，此後對每一篇文章的用字遣詞都加以留意。

愛護部屬　有乃父之風

她用人不疑疑人不用倣效謝求公的作法，比如我只是個二級主管，但她認爲我喜歡搖筆桿，文筆還算不錯，某年畢業典禮前，她要我提供演講資料，我摒棄原有八股濫調，做一份人生可用歲月的概算表，結果登在民生報的頭版頭條比台大校長虞兆中還要醒目，使她出足了風頭。

張麗君說林澄枝處事嶔崎磊落頗有乃父之風，乃父林新公曉喩她做人要有四心：「耐心、虛心、誠心、熱心」，確非虛言。其父在實踐任董事長時，得知我擔任實踐桌球隊教練，特地由日本購置一支蝴蝶牌球拍，供我使用，後來得悉我在採訪重要人物時亟需袖珍型錄音機，也特地由日本為我買回一台新力牌錄音機，讓我使用了十多年。父女愛護部屬之熱心如出一轍，令我永銘心坎。

她的昔日同學戴美玉說她在學校時不大說話，到了婦工會卻完全不一樣，上台講話口若懸河，跟過去的她簡直判若兩人，這是所謂船到橋頭自然直的原理，稟性聰慧的她，經多年歷練已使她成長了不少。

孔子說：「不憤不啓不悱不發」的確不錯，某年，她聽同事正為一個英文字的拼音在討論，熱心地告以正確拼音法，卻遭致同事的質疑眼光，似乎認為專科畢業生英文那會有多強，她便下定決心報考留學考，經一個月苦讀英文，終於如願以償。

在家也搞笑 自娛娛人

她與夫婿謝孟維的性格互具特色：「他可漫天飛舞、天馬行空，而我像是一列火車，只會在軌道上行進。」（第五十三頁）不過，林澄枝也並非全然古板之人，她在家中常會模倣彎腰駝背老太婆的走路姿勢，也曾於某年在實踐的同樂會中唱了一首「八個娃娃要媽媽」，韻味十足至今尚有餘音繞樑之感。

隨著年齡增長惟一的改變是林澄枝更勇於面對自己，學會更柔軟的心境，較輕鬆的態度去面對婚姻中種種繁瑣問題，她說：「他尊重我，不過我尊重他的更多」，看來她深諳孔子所謂「毋固、毋必、毋我、毋意」的道理。

她與夫婿有個默契，從不在孩子面前爭執，這一點十分可貴，據悉前國立藝專校長鄧昌國與妻藤田梓當年爭執得面紅耳赤時，從不使用日語或國語，而係使用法語，旨在避免污染兒女的心靈，以致他倆仳離時，兒女們尚猶被蒙在鼓裡呢！反觀某位友人常與妻在兒女面前爭吵，致使女兒在某日竟對友人提出要求：「爸媽，你們離婚吧，我已忍受不了啦。」

踏足入政壇　無心插柳

林澄枝在政壇上的發跡與謝求公頗爲相似，都是無心揷柳，對名利都看得很淡，謝求公受知於蔣經國，而林澄枝則受知於李登輝和連戰。

林澄枝對墨西哥執政黨失去了七十年來的執政權頗有感觸，因墨國婦女占五三%，與國民黨極爲相似，前些年國民黨推出林澄枝出任副主席，可能志在藉由婦女票而重奪江山。果然在〇八年如願以償。

林澄枝一生最大遺憾是，當年在哥大和華大，只知隨興修習幾門合乎志趣課程的學分，而不刻意取得文憑，不過沒有顯赫文憑，而憑一己之實力得以出人頭地，打破文憑掛帥的迷思，未始不是一件好事。她之特別賣力，在于她凡事力求完美的習性所使然。

（民國九十七年十二月，今日生活第三九〇期）

評京夫子《毛澤東和他的女人們》

濫情掀波濤　風流帳理不清

拜讀京夫子的《毛澤東和他的女人們》，猶如翻閱毛澤東的風流帳，高潮迭起扣人心弦，與他有過肌膚之親者多達一打以上，老蔣與之相較有如小巫見大巫，望塵莫及矣。毛澤東憑其帝王思想與詩人氣息，決定了許多女人的奇妙關係，過程較久的有楊開慧、賀子貞、江青、張毓鳳，其餘爲長沙一師才女陶斯(口永)、話劇演員吳廣惠、華僑美女馮鳳鳴、周恩來乾女兒孫維世、電影明星上官雲珠等人。

張毓鳳跟隨毛澤東十八年

張毓鳳自一九五八年夏天即在毛身邊，由生活護士而生活秘書而政治秘書，最後升爲中共政治局機要秘書，在見異思遷、喜新厭舊的老毛跟前，能待上十八年，堪稱是個異數，主要由於她的配合度最高，故能獲其信賴。其餘許多位都得不到好下場，而毛澤東的後代似乎也一個個凋零，正應了朱柏廬所謂「見色而起淫心報在妻女，匿怨而用暗箭禍延子孫」的名言。

毛澤東的女人之類型不難分辨，毛澤東相中的女子品類繁多不一而足，約可分爲八類：憑媒撮合者、青梅竹馬、守貞髮妻、革命情侶、短暫情侶、失歡怨婦、若即若離者、永受垂青者，底下詳述。

憑媒撮合者：毛澤東在十四歲發育已告成熟，遵父母之命媒妁之言，娶一位馴良的李姓女子爲妻，此女大他六歲，由於從小記恨其父毛順生的專制，刻意冷落李氏，與其相處十二年，儘管是惟一坐花轎到毛家祠堂與毛拜過天地者，卻只能算是他的洩慾工具，某次在延安窯洞裡對外國記者表示，他不屑於談第一次婚姻。

政見不合　青梅竹馬離他遠去

他的湖南湘潭同鄉——陶小姐，出身名門大家閨秀，早在五四運動前後就很活躍，一九一四年加入毛及長沙一師同學蕭瑜等人所創立的新民學會，兩人曾在長沙共同開辦一家書店進行革命活動，由此而墜入情網，毛已結過婚諳床笫之奧秘，陶女與其年齡相若正值青春期，後因忍受不了毛的造反思想及暴力革命主張，相處日久也探究出毛的專權性格，而離開毛，逕赴上海開辦立達書院從事教育活動，兩人可說因志趣而結合，因政見不同而分離。

毛澤東早年就讀長沙一師與蔡和森等人入名學者楊昌濟之門下，楊氏曾爲毛所寫「心之力」一文打一百分。後來楊氏應聘執教北大，其女楊開慧隨行，毛因英文較差加上乃父不接濟學費，赴法留學之夢泡湯，但為新民學會及留法勤工儉學事務也到北京，受楊氏介紹出任北大圖書館之圖書助理。其時年方十七的楊開慧，對毛略有好感，次年，毛嫌職卑位低而離京，回長沙集舊友創辦《湘江評論》展開革命活動，一九二〇年楊氏病逝，開慧隨母回長沙，就讀於美國教會學校「湘福女中」，乃父倚重之學生蔡和森、蕭瑜、陳昌等皆赴法，只有毛澤東留在長沙，在無魚蝦也好的情況下，於一九二一年春與毛結婚，此後隨其奔走革命，先後生下岸英、岸青、岸龍（長子後來死於韓戰戰場上）。

蝶戀花追悼開慧　誠意不夠

其時毛澤東參加國共合作，當過國民黨的中委及宣傳部長，在開慧生過三子不久，毛竟與長沙清水塘院內的李立三之妻發生曖昧關係，令其傷心欲絕。

一九二七年國共分裂，老蔣進行清黨，毛領導湘農「秋收暴動」，上井崗山武裝割據，楊開慧隨母帶其三子隱居於板倉鄉下老家，不久即被湖南省長何鍵逮捕，下獄，求其在報上公開聲明與毛脫離夫妻關係即予釋放，開慧抵死不從，於一九三〇年十一月十四日被處決，年方二十九。儘管毛已在井崗山上與賀子貞相好，也假惺惺地寫了一首「蝶戀花」追悼開慧：「我失驕楊君失柳，楊柳輕颺直上重霄九，問訊吳剛何所有，吳剛捧出桂花酒，寂寞嫦娥竹廣袖，萬里長空且為忠魂舞，忽報人間曾伏虎，淚飛頓作傾盆雨。」

江西永新人賀子貞，出身革命家庭，明眸皓齒，膚色潔白，身材苗條，性格活潑，生就一副甜嗓子，十五歲即出任縣之團友部書記，十六歲加入共產黨，十七歲率永新縣民結合井崗山土匪王佐、寧商縣土豪袁文才舉行「永新起義」，一度占領永新縣城，比毛之「秋收暴動」早了三個月，一九二九年，毛率湖南農軍退向湘贛邊界山區與賀子貞兄妹之永新農民共組「井崗山根據地」。

賀子貞　同志變愛人

毛、賀由同志之愛轉爲夫妻之愛，可說一拍即合，三天定情。其時毛已三十四歲，賀只有十七歲。毛忘了正在板倉避難的開慧，可說漠視爲人夫、爲人父之道義感。

賀上馬能耍雙槍，下馬可洗手作羹湯，與毛相處十年，生過六胎，在紅軍二萬五千里長征中，死的死，送人的送人。後因北京女子吳廣惠和美國女記者史沫特萊的介入，本性馴良的她，竟與毛大吵甚至大打出手，曾對人說：「毛澤東對我不好，我們倆吵嘴，他拿板凳，我就拿椅子，唉，我和他算完了。」（見第十八頁）

愛恨情仇　飄飄欲仙

短暫情侶：包括學生領袖吳廣惠、洋妞史沫特萊、女作家丁玲等人。

獵物丁玲　難逃流放命運

A、文壇才女丁玲：原名蔣冰之，湖南臨澧縣人，追求個性解放，曾於北京與胡也頻結婚，一九三一年胡被處死，她便加入共黨地下組織，三十三年被捕，三年後獲釋，赴陝北紅軍所在地瓦窯堡，與毛結識，賀子貞爲毛生下第五胎之餘，毛趁機獵艷，初見面，即戲封丁爲貴妃，著其掌管文房四寶海內奏摺。垂詢上海及南京左聯情況，丁三十出頭，風華正茂，奈因洋妞史沫特萊出現，使他難以兼顧，鼓勵她赴八路軍根據地去深入民衆體驗生活，收集寫作資料。丁玲於一九三二所寫「水」即以工農爲題材，全力從事大衆文藝，一九三〇年春「上海之一、之二」，左傾色彩極農。其作品特色爲氣魄磅礡，筆致熟練，琢字造句別出心裁。

後來丁玲重返延安於紅軍大學任教，與小她十四歲的劇作家陳明結婚。

抗戰勝利後，丁任中共中央宣傳部文宣處長，毛只於一九五三年夏天約其在中南海划過一次船，覺其乏味至極，一九五五年丁玲、陳企霞反黨集團一案被捕，次年獲釋，後又被毛批爲「資產階級右派分子」流放北大荒農場勞改，上書求助毛不予理會，文革期間，丁入獄，一九七三年獲釋，但又下放山西農村勞動。一九八六年病逝北京，一生受毛作弄，可能死不瞑目矣。

洋妞史沫特萊夠性感　毛傾心

B、大膽洋妞史沫特萊：一九三七年，芳齡二十五的美國女記者史沫特萊，赴延安採訪中國工農革命的傳奇英雄，此姝正直熱情、美麗活潑，富於幻想和冒險精神，住窯洞喝小米粥，啃窩窩頭，穿八路軍制服，與軍民打成一片，在延安數個月，即傳出與毛之豔聞，當時女同志都很土，衣寬褲肥不事修飾，史沫則曲線分明，最具性感，令毛一見傾心。毛每回至其住處皆要親上半個時辰，引起賀子貞吃醋，要求警衛斃了洋妞。

後來毛生怕豔聞鬧大，求其離開延安赴抗日根據地繼續採訪。史沫後來寫了幾本有關中國工農革命及婦女解放之書，將其所認知之中國介紹給西方讀者。光是《革命的土地》德文版即銷售五十萬册。

吳廣惠近水樓台　與毛苟合

C、時髦女學士吳廣惠：河南人，父爲北洋軍閥政府之鹽務官，學生時代受五三慘案刺激出爲學生領袖，後任教於中華戲劇學校，民國三十四年與北大畢業生結婚，在夫婿支持下赴日帝大進修，後爲考查延安之新教育法不顧其夫之反對逕赴延安。本視戀愛如毒藥，但充任毛之英文翻譯後，得悉毛常與其妻發生衝突，轉而寄與同情，而逐漸與毛在窯洞裡苟合，傳到賀子貞耳裡，意欲捉姦，不意竟以手電筒傷及史沫特萊。毛澤東一氣之下把賀子貞、史沫特萊、吳廣惠全部趕出延安。

馮鳳鳴與毛初識　即有肌膚之親

D、話劇演員馮鳳鳴：爲南洋富商之千金，天生麗質、心性高潔，因痛恨日寇殘暴而跑回廣東參加抗日，先在一所幹校受訓，而後保送延安深造，後又轉往魯迅藝院平劇院受訓，某日在冼星海編導的三幕民歌劇——農村曲表演優異，在棗園與中央首長吃宵夜，毛正坐其對面，餐後邀其同往豐澤園暢談文藝工作，立即與其有著肌膚之親。

馮懷疑延安的一切，痛恨人生理想產生動搖，認爲非傾心所愛者絕不容忍，不久即神秘失蹤，有人以爲被除奸部長康生所整肅。

孫維世爲毛獻出處子之身

E、周恩來乾女兒孫維世：一九四九年十二月，中共爲向蘇聯老大哥學習，特由毛澤東親率代表團赴蘇拜會史達林，洽請延安平劇院四大美女之一——周恩來養女孫維世充任毛之俄語教師，在專列上一字一聲教他俄語（見六十二頁），某日見毛鬱鬱寡歡，心神不寧，便探問究竟，始知江青動不動就哭鬧尋死尋活，近又因子宮長瘤需赴俄動手術，夫妻情感日淡。孫正值及笄之齡，感情豐富，本就同情賀子貞，厭惡江青，覺得大人物也有煩惱，在毛左哄右騙之下竟獻出處子之身，使毛如歷三大戰役，如同登上仙境。

毛本考慮與孫維持關係，爲周恩來婉謝，不久代爲作主嫁給劇作家金山，金山在三十年代與江青有過枕席之親，也算一報還一報，但也因而受到江青的迫害。

上官雲珠　最後自行了斷

F、上官雲珠：身材高挑、行止高雅，雙眼炯炯有神，擅唱越劇。某日赴毛西郊賓館的晚宴，凌晨一時舞會散場，留下吃宵夜，毛以了解電影界概況爲藉口，邀至一號院毛之客廳喝茶，其時毛正在與江青鬧僵，心頭鬱悶，他表明看過上官主演的幾部電影，嫌其太過悲苦，何不演些輕鬆愉快的。吃完宵夜準備離身，毛邀其游泳，她記掛家中有位十來歲女兒，張春橋告以女兒已被送到同學家。

上官穿起新潮的泳裝，美好身材顯露無遺，毛性能力大減，只能用口舌和雙手，並不能使她滿足。在豐澤園數日，形同幽禁，連女兒和電影界人都不能通電話，其時毛正爲劉少奇之事心煩，言明次年再見，但此後即未再見毛，直到一九六六年被逮捕，最令她傷心的是十五歲的獨生女在南京路上被軍用綠色卡車壓死，憤而自行了斷，離開充滿騙局的人間地獄。

白玉蓮善彈琵琶　終老深山

G、白玉蓮：爲廬山之陰九江歌舞團員，面目嬌俏，善彈琵琶，因有位姨媽在解放前下嫁一名美國傳教士而不得翻身，後來受邀進入美廬，利用半夜彈琵琶，一曲十面埋伏（敘楚漢相爭之故事），引起毛之注意。健美身材使毛眼睛爲之一亮。但毛淫而不亂，因北京事忙而無法將其攜往中南海，本來允諾每年夏天必到廬山相會，皆因打劉少奇和林彪而作罷。

毛於一九七六年九月九日去世，白玉蓮被送往海南島五指山一處與世隔絕之農場，終老深山老林。

要江山棄美人　江青命乖舛

H、若即若離者：江青在毛身邊四十年若即若離，兩人取得妥協：不翻臉、不離婚，保持夫婦名分。江青原名李雲鶴，山東諸城人，嫁過四任丈夫，即魏鶴齡、俞啓威、唐納、章泯。民國二十四年在上海改名爲藍蘋。一九三七年冬抵延安，年方二十四，有如熟透之蘋果，嬌艷欲滴，先赴魯迅藝院任教。常參與中央機關晚會，但毛印象不深，直至一九三八年夏天，毛在紅軍大學馬列學院演講時，刻意坐在第一排並不時發問，始蒙毛召幸，第一次即留飯淺斟低酌，親密交談，飯後即留宿。

毛引用唐人錢起五言長律「湘靈鼓瑟」末二句「曲終不見人，江上數峰青」之句，改名爲江青。但因兩人幽會偶爲警衛撞見，引發將領爭議。其時毛初任中央軍委主席，最高領袖地位未穩，在江山與美人之間擇其一，只好取江山棄美人，打發江青過黃河到太行山八路軍總部，藉抗日烽火洗滌身上的小資產階級氣息。

江青不得志　自縊而死

不料江青隨一小分隊護送幹部上前線，卻遇日本飛機轟炸，只好再西渡黃河折返延安。

再度闖入毛之窯洞，不禁嘆曰：「天將汝賜我，奈何」。江青爲毛生下一女名李訥。一九六三年起以京劇改革爲名，在文藝界搧動極左思想。一九六六年出任中央政治局委員，在文革中與姚文元、王洪文、張春橋組成四人幫，受黨內及人民反對，於一九七六年十月被捕，一九八一年十二月二十五日判處死刑，八十三年改爲無期徒刑，後在秦嶺監獄自縊而死。

貼身護士張毓鳳隨侍十八年

I、永受垂青者：張毓鳳，原藉哈爾濱，身材嬌小溫馴可人，自一九五八年獲江青允許任毛之貼身護士，與毛相處達十八年之久，堪稱異數。

一九五六年毛搭乘專列巡視東北，張曾任其服務員，殷勤親切博得好感。二年後，毛的專用列車停在衡水地區徐水果城，十一節車廂是書房兼臥室，再把張找來。其時她剛結婚二個月，夫婿爲一鐵路工人。能獲毛召幸引爲生平最光榮之事，身爲生活護士，她恪遵三大原則：不可洩露秘密；只能跟家人略爲致意問候；信封只寫郵政信箱號碼不寫地址。

她認爲一個女人能住進中南海是行了大運。她配合毛夜晚工作，凌晨五點上床，中午一點起身的生活習慣。

張毓鳳　抓得住毛的胃口

張的最大優點在於從不吃醋，自覺毛之生活護士沒資格爭風吃醋，另外，當毛與重要人物交談時，她上過茶即自行規避。她抓住毛的胃口，毛喜歡湖南豆豉辣椒、燻香臘肉、油炸花生米、特製臭豆腐。

她為毛生過一女取名為張南子，再度懷孕時，毛勸她打掉。

把女人　狠殘絕走天下

毛澤東的女人為何輕易上鉤，筆者分析認為有下列幾種情況：一、有心人的穿針引線、二、女子自動投懷送抱、三、毛澤東的詭計多端，善用謀略對那些涉世未深的女性，又講些幽默風趣的話語來討好女性，使其疏於設防，舉凡情場上人際關係運作的謀略他都能靈巧運用。

初見江青　即行床第之歡

1.有心人的穿針引線：中共社會情報部部長康生是江青的同鄉，見其亭亭玉立，生就鵝蛋臉，膚色白裡透紅，眼睛又大又亮，鼻子端莊，嘴唇豐滿，便認她是奉獻給毛的「尤物」，一九三八年夏，康生利用毛在紅軍大學演講的機緣，刻意安排江青坐在第一排，顯示仰慕之情，介紹她是上海左翼電影之明星，來延安投奔革命，目前未婚，乍見之下，毛即心旌蕩漾，江青使出渾身解數，藉求教馬列主義之名，行床第之歡、男女之術，而逐漸打動毛之心坎。

電召張毓鳳　投入毛懷裡

十八歲的哈爾濱姑娘張毓鳳之出任毛之貼身護士，是毛、江的一次妥協，毛讓江往中共權利舞台施展拳腳，而江讓毛任用張爲貼身的生活秘書、護士。當一九五八年毛之專車行經徐水縣城車站時，毛三天三夜文風不動，諸事不遂唉聲嘆氣，中共中央辦公廳副主任，毛之衛士長汪東興，悄悄進入毛的書房，見其寫字檯上一疊人民日報的一張報紙之空白刊頭上寫著：「張毓鳳、張毓鳳、張毓鳳、毓鳳、毓鳳、毓鳳、鳳、鳳、鳳」，便急電中南海的中央辦公室，趕緊派專機去哈爾濱鐵路局，把張毓鳳找來，該局認爲此舉係對哈爾濱鐵路局十幾萬員工之最大信任和關懷，剛好張之所屬乘務組未西去蘭州，南下上海而在本局管轄區地段上，軍令如山，次日凌晨即回哈爾濱準時報到。

小芳如願以償　成爲新歡

2.女子自動投懷送抱：語云：「權利是最佳春藥」確非虛言。試看青島歌劇團團員小芳，看到同事大玢被召幸回來敘述她因本能的恐懼，沒進浴室替毛洗身及服務，因過度害怕而哭後，終於被遣回，小芳說：「要是我就留在那兒，而且會心甘情願伺奉他老人家」，果然遂其所願於次日上午被接走。

有夫之婦吳廣惠　送上門

北京學生運動領袖吳廣惠，在丈夫反對下，仍渴望到延安考察新教育方法，一九三六年西安事變後，在西安參加婦運，次年，經人介紹保送延安學習，原本拒絕一切企圖追求者，面對毛，卻想作一冒險，爲其烹調胡椒雞蛋，陪他游泳、跳舞，逐漸貼近毛的心坎。後來，美國女記者史沫特萊自覺不可能與毛維持長期的親密關係，目睹風情萬種、高雅大方的吳廣惠，便刻意爲其兩人撮合。

作可憐狀　孫維世入陷阱

3.毛澤東的詭計多端：毛澤東自稱三國演義、水滸傳、資治通鑑先後讀過七遍，對於人世間的人際關係之技術奧妙全都了然於心，用寫詩、游泳、跳舞，迷惑涉世未深的女性，又講些幽默風趣的話語來討好女性，使其疏於設防，舉凡情場上爲人運用的謀略，他都能靈活運用。

比如初見教他俄語的周恩來養女孫維世時，毛故作鬱鬱寡歡之狀，孫探問究竟，他將自己與江青的不和諧關係和盤托出，江與他初識時表現不錯，可是近二年來做了夫人，地位穩固便飛揚拔扈起來，動輒哭鬧，最近子宮長瘤，脾氣更壞。孫爲及笄女子，聽了之後又害羞又同情，逐步墮入陷阱，獻出處子之身。

周恩來氣毛連紅軍遺孤也要，趕緊把她嫁給戲劇作家金山，了卻一樁心事。

大玢拒貼身服務　慘兮兮

毛在政治上常使用殺雞儆猴之策，對付女人亦復如是，青島的歌舞團員大玢，拒絕爲毛作貼身服務，便被送往東北邊境，在小興安嶺的伐木場當個伐木工人，後來神經出了毛病，逢人只說一句：我不該哭，不該哭，我爲什麼不笑。毛死後二年才返回青島，重新安排工作，條件是必須忘記一切，一九七八年四十二歲的她，滿頭灰髮、滿臉皺紋，成了一個十足的醜女人。

毛的灌迷湯工夫堪稱一流，初見張毓鳳知其爲黑龍江省牡丹江人，便說好地方好地名，又說洛陽牡丹名天下，可是洛陽城不出美人，但牡丹江不產牡丹，使張對其口才佩服得五體投地。

對付女人三招術　狠殘絕

總之，毛澤東對付女人的招術可以狠、殘、絕三字而概括之，受其蠱惑之女子，可能個個都在九泉地下死不瞑目。

（九十年五月二、九、二十三日　台灣立報）

評《胡茵夢自傳》

由胡茵夢自傳引發的憂慮

我生平最喜歡閱讀名人傳記，對某些名人在傳記中的坦率描述，不由得拍案叫絕，比如邱吉爾每天必作的一件事是午睡，使人對孔子責備宰我晝寢是「朽木不可雕也，糞土之牆不可圬也」的說法有所保留和修正。而盧騷則坦承他在少年時代曾患了手淫的毛病；而胡適在北大就讀時，曾有過逛窯子的記錄，但一眚不能損大節，盧、胡仍不減其在世人心目中的地位。

在台灣，近年以來，傳記之多，多如恆河沙數，政治人物在選前必出傳記以造勢；影歌星新作推出之前，也央人代表推出自傳以助長賣氣，就連一向特立獨行，曾經在影劇界喧騰一時，現已淡出的胡茵夢，最近也刻意將其未婚生之女胡潔生委託秘書，帶往高雄，閉關三月，寫成一本全文十五萬言的自傳——「死亡與童女之舞」，憑她的高知名度，再加上影劇記者的推波助瀾，可能在未來的書市會大撈一筆也未可知。

顯示她的欠缺自知之明

胡茵夢在影劇界是個備受爭議的人物，據她在一場演講中說，她原本就讀於輔大德文系，某日於台北西門町閒逛，爲名導演徐進良所撞見，驚爲天人，著其主演「雲深不知處」影片，從此踏上銀幕，但因拍戲而蹺課過多，被迫退學。我覺得她的自傳顯示她的寫作才華，也展現她直言無諱的個性，但從教育的觀點而言，覺得該書具有下列弊端：一、欠缺自知之明：某年她應電視台之邀，主演「慈禧」電視劇，我覺得她太過欠缺自知之明，因爲慈禧的心理層面是何等複雜，演技平平的她，怎能稱職，果然收視率不佳。

離經叛道不良示範作用

二、兒戲婚姻：她在台灣創下一項新紀錄，與李敖結婚一天，即將結婚證書撕毀，導火線在於李敖不願迎養丈母娘，認爲只娶胡茵夢不娶她母親，如此重大的議題，爲何在婚前不作個徹底的溝通，當然，據李敖表示，胡茵夢與李敖結婚後，受到國民黨文工會及新聞局的打壓，使她失去主持金馬獎及若干演出的機會，是否爲促成兩人分手的另一原因不得而知。

三、產生逆轉制止作用：明星出書，最大的讀者群爲青少年，原本他們以爲循規蹈矩，按部就班才能出人頭地，如今看到胡姝離經叛道，捨本逐末，竟也能揚名立萬。可能使他們以爲抄捷徑，乃至桀驁不馴者較能躍登龍門，以後誰願十年寒窗三更燈火五更雞的苦讀，只要稍具姿色，敢炫敢露就可名利雙收，使十年學校教育的成果爲之抵消。

四、灌輸不正常理念：近年以來，自歐美日本傳來頂客族（DINK，即 Double Income NO Kids）理念，只要雙薪不要孩子，如今胡姝及張艾嘉、甄妮等人卻奉行「只要孩子不要丈夫」（Only Kids Without Husband）主義，顯示明星自主性強，經濟能力充足，不願受到丈夫的束縛，也許夫妻兩造有實無名，自詡其走在時代的尖端，但渾然忘卻爲人母者應保護子女的身心健全，如終生令其活在「父不詳」的陰影下，怎有幸福可言。

對青少年的誤導很嚴重

五、造成價值觀的混淆：如果青少年讀者接受了胡姝的理念，誤以爲學校教育都是唬人的東西，爲了拍片可以放棄學業，也可能以爲「有錢萬事通」，並深化「笑貧不笑賤」的不正常心態。對青少年的誤導，可說不可以道里計。

提供青少年一反面教材

愚見以爲任何一部傳記，都應以裨益世道人心爲考量，當然胡茵夢可能提供青少年一個反面教材。她擁有絕世美貌，但因太過任性，不把書讀完就去拍電影；用情不專，先後與四個男人譜過戀情，到頭來卻又孑然一身，是否由於她自視過高，或者由於父母婚姻的不美滿，而導致心理的不平衡，而不能組美滿家庭，與一般社會婦女共渡幸福美滿的生活。

胡茵夢過去出過《尊重表演藝術》等書，證明她有別於一般的戲子，但此番所寫自傳，將其離經叛道的行徑形諸筆墨對涉世未深的青少年恐將貽害無窮，不得不表白如上。

（八十八年六月十四日　民眾日報）

評黃崑巖《談人生這堂課》

一、引　言

幾個月前受到一位昔日門生的推荐，拜讀了黃崑巖先生的處女作《談教養》，覺其敢言人之所不敢言，字裡行間流露道德勇氣和高深的學養，孰料時隔數月又見到他的另一本著作《談人生這堂課》，火速買來一看，覺其比第一本更具魅力，時而令人拍案叫絕；時而令人默爾太息；時而令人義憤塡膺；時而令人莞爾而笑，堪稱是當代罕見的佳構。

一般而言，一本好書必須在知情意三方面均能有所創發，讀其書有如與他謦欬相從晤談一室，娓娓道來親切自然，毫無說教意味。尤其不屑措意於世俗的榮辱得失更爲可貴。黃氏對醫學史、文化史、教育史如數家珍，故能沁然流出歷史趣味和過人的智慧。顯示他恢廓坦蕩、超然物外的胸懷。

他淵博通識，在當今醫學界和高教界，可謂無出其右者。新竹中學眞是人才濟濟，出過中研院院長李遠哲、享譽國際的哲學家傅偉勳，如今又出一個謹言愼行腹笥充沛的黃崑巖，辛校長地下有知，應含笑九泉吧！

二、本書優點

基本上本書有點像「談教養」的續集，若干論點深得我心，用字遣詞都能臻於爐火純青的境地，充分顯示他的才華。

㈠深入淺出：他由四十年前受到四位好心人協助（兩位空軍軍官和一對白髮蒼蒼的老夫婦），談到奢侈與節儉的分野，談到人要生活不只是生存，再論官大學問大的瑕疵，隨後批評美國霸權的傲慢之心態，而後點出形影不離的一對活寶，有如焦不離孟孟不離焦，旋即叫人不要拿生命開玩笑，而後申論教育的力量和生活教育的眞諦，最後對中學與大學作一比較，又回到教育的老本行。

㈡言之有物：一般作家喜歡漫無邊際的打高空，然而本書篇篇言之有物，一開始他點出不立志做大官也不立志做大事，似在與孫中山唱反調，他列舉一批婦女在台南瑞福益智中心，寧犧牲逛街和看電影而默默與一群智障兒周旋，雖非位高權重者，但對社會的貢獻居功厥偉。另舉一位劉醫師，服預官役於宜蘭一處與世隔絕的漁村，服務二個月將薪水如數捐出，使漁民對其奉若媽祖和天公。黃氏強調把小事累積起來便成大事，與孫中山所謂「凡事自始至終做到徹底完成便是大事」若合符節。

黃氏的某些論點深得我心，比如他說天下眞正的財富在我們的腦裡，在我們的創造力。的確，在進步的社會，追求財富是智慧的創造（creation of wisdom）的動力，一個人的財富代表其智慧創造的成就，原子科學家、文學家、企業家乃至電影與棒球明星，其豐厚收入亦即是社會對其所作貢獻的合理酬勞，我很同意蕭伯納的一句話，他說：「何謂君人與小人，凡所貢獻於社會超過取之於社會者，即是君子，反之即是小人」，是故凡循正當途徑贏得財富之人自當受社會尊重，並非逾分，唯以掠奪欺詐致富之人，入天堂之難有如駱駝之穿越針孔。

㈢富於哲理意味：一般普羅大衆，都以追求成功爲一大夙願，而黃氏卻要人給錯誤一個禮讚，似在大做翻案文章，他引述美國教育家桑代克「嘗試與錯誤」的名言，認爲人生貴在不斷的嘗試，偶然獲得成功，很少成爲反省和分析問題的動機，或下次嘗試的借鏡，只有經過挫敗獲得的成功，才是眞正落實的經驗。中國人常說「塞翁失馬焉知非福，失之東隅收之桑榆」，即係指此而言。

他在「官大學問大」一文中列舉一位高官，見到他募集一五〇萬元設立武田書坊便心生妒忌，漫不經心地說：「一五〇萬元新台幣就能以他的名字命名，過兩年把武田兩字拿掉了」，殊不知黃氏與他毫無上下隸屬的關係，也不知教育界募款之不易，更不知以捐款人的芳名爲募得的款項取名，完全出自於策略的運用。由此暗示國內許多高官，常在一夕之間變成書法家、思想家、教育家而自鳴得意，卻不知拾人牙慧剽竊掠美的可恥。

他由李國鼎所受「一輩子圖利他人」的銀盾而連想到自己三十多年來也全在圖利他人，做研究爲開發新知，求教材之更新，更求有所貢獻，週末假日爲友人推敲或修改論文，也是圖利他人，他厭惡把圖利他人四字，作為定讞判罪的名詞，他想改用「中飽私囊或利益掛鉤」以資取代，較為貼切吧。

㈣展現道德勇氣：他對社會上的不良現象常會振筆疾書痛加批判，比如黑函之流行在於它的溫床，縱容社會上許多的主管把黑函當真根據黑函內容去查辦被害人，有的甚至動不動就用黑函去面質被害人。黃氏也曾受到黑函的困擾，立即將其揉成一團丟進字紙簍中，最可怕的是處理不當，助長黑函的猖獗，打擊有操守者的士氣。他主張對於黑函應像查到恐怖分子一樣，採取斷然的措施，方為得當。

他對仿襲歌曲的泛濫大加抨擊，他說不知有沒有人估計過電視上或公共場所所唱的歌曲，有多少是由日本的靡靡之音仿襲而來的，〈愛拼才會贏〉〈最後一夜〉全都套自日本曲，最令他氣憤的是台語歌〈月光小夜曲〉與競選時常聽到的〈軍艦進行曲〉（日本海軍軍歌），前者為日據時代的舊歌（沙詠之鐘），敘述台灣東部原住民村一位叫沙詠的小姐，歡送她被日本徵為軍伕出征的男友到車站，回家途中被山洪爆發的小溪洪水捲走而滅頂的故事，原歌把她捧為為日本帝國捐軀的巾幗英雄。

而〈軍艦進行曲〉的背景是一九〇五年日俄戰爭在日本海入口的對馬海峽，於兩天內擊沈二十一艘俄艦，擠入世界海權國之林，可說窮兵黷武的猙獰面目之表現，台灣人挪來使用，莫非把對手全當成「北極熊」（俄國大兵），簡直是不倫不類到極點。

他痛斥仿襲歌曲的風行，令我也感同身受。某年，我在日本學生面前演唱徐志摩作詞的

〈初戀女〉，自以為唱得還算可以，不意竟聽不到掌聲，只聽得日本女生說：「這是我們日本的歌曲」，令我羞愧得無地自容。我看解決之道，可由新聞局每年洽請音樂家對電視台和廣播電台作一評鑑，凡是一年之中播放仿襲歌曲比例最低者或全無仿襲歌曲者，頒發一至二百萬獎金以資鼓勵。

黃氏對多年前教育部宣稱老師為了教學可以施以暫時疼痛的體罰，其實暫時性疼痛的體罰足以導致永恆性的傷痕，目前體罰已由小學提升到國中的層次，有關當局卻視若無睹，如同多年來針對黑道圍標、醫師拿紅包或賄選甚囂塵上，卻以查無實據加以否認。

其實，體罰的弊害極大，一則損傷學生的自尊；二則破壞師生感情，三則讓學生心靈上留下永難抹滅的陰影，王陽明所謂視學舍如囹圄，再怎麼用功也學不好。黃氏擔心電視上看到「愛的教育」的口號，不知何時才能被實踐，難道不體罰就教不出好學生嗎？其實不然，我認識幾位不施體罰而教出好學生的名師：

中教大何燊老師，上課極為守時，鐘響立刻抵達教室，當他抽問學生答不出時，只罰站幾分鐘，即笑笑了事；彰縣埤頭國小教師程昭江，講課時聲如洪鐘，遇有調皮學生，他便把鞭子重重提起作體罰狀，旋即輕輕打在講桌上，數十年來教出書法家杜忠誥及名醫中山醫學院教授吳子清等高足。彰化縣合興國小教師田子久，每日清晨七時即到校指導學生，苦口婆心婉言規勸學生，從不對學生動肝火，現任嶺東科大校長陳振貴即是他的門生。

過去在中小學流行念↓考↓打三部曲，今後應予戒絕，如果非不得已出手體罰，應緊記三不原則：㈠不在盛怒下出手；㈡不損傷學生的自尊，有位老師每次考完試將成績貼在學生背部，著其繞場一週，此舉實嫌過火。㈢不打重要部位，（如頭耳胸陰部等），盼望早日革除台灣教師罔顧人權的惡名。

三、本書小瑕疵

世無十全十美之人亦無十全十美之書：㈠本書取名四航稍嫌牽強：本書共分四堂*1.*人生起航*2.*觀念導航*3.*生命護航*4.*教育巡航，使人誤以為是一本哲學書，人們最怕被人施教，故云「談人生這一堂課」不如改為「醫學、教育與人生」來得貼切，順便把讀者群作一區隔。野叟獻曝，尚祈作者鑒諒。

㈡體例未盡統一：第一堂十三篇、第二堂二十篇、第三堂十四篇，第四堂十九篇，每篇都有千言，大都屬於議論文和說明文，忽然來一篇院長拔長記和雕刻家陳正雄的記敘文，使全書體例，略嫌參差不齊。

㈢修辭略見紕漏：比如不同面向誤植為不同面相；不痛快之虞，誤植為不痛快之慮；「嘉惠社會」誤植為「澤惠社會」遺世獨立誤植為出世清淡；唐突誤植為貿然；雜亂無章誤植為胡亂無章；人性與仁心誤植為人性與仁性。

㈣題材未盡連貫：本書各篇之間的連貫稍嫌薄弱，比如談過莫札特，應接談貝多芬或柴可夫斯基；談過外科醫師，應接談內科醫師始能饜足讀者的求知慾。

㈤偶見錯別字：可能出於習慣性或偶然的筆誤也未可知。比如稀才誤爲希才，不至於誤植爲不致於；「戴一個面罩」誤爲「帶一個面罩」。

黃氏生平在新竹定居十八年，旅美十八年，獻身成大十八年，顯示他具有安土重遷的特質。一個人能遊走於台美之間普受歡迎和讚譽，若非身懷絕技，曷克臻此佳境。在當今醫學界和高教界，只有實踐大學的謝孟雄董事長之博通中西堪與其比擬，謝氏也是一個名醫，主持實踐大學二十餘載，也是熱衷於文化史，西洋史和藝術史，話匣子一打開，三小時都聊不完，其談鋒之健，令人佩服得五體投地，有朝一日，如能由黃謝二人舉行一場大師對談，必能引發杏壇和杏林的震撼，迸出智慧的火花，只待新任實踐大學校長謝宗興肯否發出請帖，讓二位大師級名醫一顯身手。

黃氏對研究英文的心得，我也極爲認同，不過我想補充二點：一是啓蒙的師資非常重要如被引入歧途，以後再來改正就很困難。二是集中在一段時間內施教比分散於長期間要事半功倍，所謂集中練習優於分佈練習。朱子的教育方法說做學問如燉肉，先要用猛火，然後再用文火，語文教育更應如此。

（九十三年三月全國新書資訊月刊）

黃碧端《文學的海》

能說能寫又能主持大學校務的前任國立臺南藝術大學校長現任文建會主委黃碧端教授（著有散文集《有風初起》、《沒有了英雄》、《期待一個城市》，時論集《記取還是忘卻》、《沉寂與鼎沸之間》，書評集《書鄉長短調》），堪稱當今學界三絕。她在公務餘暇，先後爲報社寫過「西灣隨筆」、「黃碧端專欄」、「半月文學史」等專欄。去年她將後者結集成書，取名《月光下，文學的海》。因爲她是個道地的夜貓族，在寫「半月文學史」時，舉頭所見的都是「窗外的月光」。她說，此書是一個泅泳於文學海的人，把拾得的貝螺珍珠拿來獻曝的一點紀錄。實爲多年鑽研中外文學的結晶。

我漏夜趕讀此書，深覺獲益良多。此書有下列特色：

1.熟題生寫，揮灑自如：數十年前，作家彭歌在新生報副刊寫「以往千年，未來七日」專欄；黃主委的「半月文學史」與之相較，毫不遜色；宜古宜今，宜中宜西。若非學養精湛者何能臻此佳境？書中所談人物，都是舉世聞名、耳熟能詳者。但她熟題生寫，找到一個新鮮的視角，發前人之所未發；題材雖熟，但是創意取決於作者，詮釋其存在之經驗與經營語言形式的特殊心眼，在平常中感知其不平常。

2.筆調靈活：黃主委深諳散文寫作之訣竅在於不散，寫人不流於濫情，敘事不流於歧蔓；把握這兩項原則，自能收放自如，讀來如飲瓊漿，如嚼甘飴。

3.時空交會：本書題材廣泛，上下千餘年，縱橫數萬里，使不同時空的大文豪傾心相與，猶如謦欬相從，抵掌懇談，令人心領神會，擊節讚賞不已。

4.善用實例：通常列舉實例來襯托一個人，比空洞的敘述來得生動而更具真實感。黃主委在本書中的描述，常令人產生如見其人、如聞其聲之感。

5.標題引發想像空間：希臘哲人普魯塔克（Plutarch）曾說：「寫傳記的原則，在描繪人們靈魂的跡象和徵兆，一句笑話或隻字片語，比偉大的建築更能了解人的性格和意向。」黃主委就以「吹熄你的蠟燭吧」來寫田納西威廉斯，以「遊戲於兩大語文之間」來形容林語堂，均具畫龍點睛之妙。

6.行文優雅簡潔：綜觀全書，雖爲資料性的整理，但行文優雅簡潔，取譬淺近而富哲理，令人眼界大開，愛不忍釋。

我讀了這本《月光下．文學的海》以後的感想是：

1.蘇王之對比：我自少年時就對唐宋八大家的作品細加咀嚼，對蘇軾、王安石的生平，亦如雷貫耳。我細加思索，蘇軾可用十九世紀法國的社會學家布爾迪厄（Pierre Bourdieu）所謂「輸者爲贏」（Loser takes all）來形容；而王安石則以海明威所謂「贏者爲輸」（winner takes nothing）來形容。

蘇王之不合，反映在改革方法與改革途徑之分歧。王是激進派，認爲祖法不足法，必須創立新制來變革。而蘇則是穩定派，反對王之求法太急，認爲欲速則不達，將造成顛倒失序的嚴重後果。

王因剛愎自用，連兩個弟弟都棄他而去，受到當時人民咒罵；而蘇軾受盡折磨，但他當行則行、當休則休，且詩詞書皆能，寫下三千多首詩詞、四千多篇文章，故有「東坡百世師」的雅譽。

王卻因新法推動困難，不由得大嘆：「黃塵投老倦匆匆，故繞盆池種水紅。落日敧眠何所憶，江湖秋夢櫓聲中。」（〈壬子偶題〉詩）當然，王的政治才華，名動京師，三十九歲即任三司度支官，上仁宗皇帝言事書長達萬言，分析宋朝內外交困原因，提出改革法制、整頓吏治，說明他對當時社會弊端的深刻了解。

司馬光曾說：「遠近之士，識與不識咸謂介甫不起則已，起則太平可立致。」後來司馬光用三千字挑戰他，他以三百多字予以回駁：略謂兩人所操之術不同，無共同語言也就無需對司馬光之論點條分縷析一一駁斥。

黃主委既將東坡定爲受難者，就應該將「烏台詩獄」的原委加以點明，那是一〇七九年（宋神宗元豐二年）他在湖州當官，上謝表對不便民者不敢直言，以詩托興，庶幾有補於國。孰料被投機分子御史李定、舒亶、何正言等摭其表語，羅織罪名，控以文字訕謗君相，而在七月二十八日予以逮捕送入台獄。

東坡賦詩曰：「讀書萬卷不讀律，致君堯舜知無術。」本在自我解嘲，無法協助皇帝使政治步上正軌；王安石的部下卻認爲蘇軾在嘲諷其無能；再吟：「東海若知明主意，應教赤鹵變桑田。」本來是贊成王的農田水利法，卻被誤爲在嘲笑王；除非東海龍王撥動長江的水來灌溉，才能使荒地變良田。末句的「邇來三月食無鹽」被認爲公然反對鹽鐵公賣制，罪加一等。直到十二月九日，蘇才釋放。

黃主委似乎以爲：因王安石上書神宗，才使蘇獲釋。其實沒那麼簡單：①東坡賦絕命詩給弟弟蘇轍，間接被神宗所悉，因詩中有「魂飛湯火命如雞」之句，神宗覺得大文豪不應受此折磨。②東坡有詩云：「聖主如天萬物春，小臣愚暗自亡身；百年未了須還債，千口無歸更累人；是處青山可埋骨，他時夜雨獨傷神。」詞情之淒切，神宗深表同情。③神宗平日稱讚東坡才華，又有太后屢屢提醒神宗：蘇軾兄弟乃先帝仁宗遺愛之人。神宗遂下詔寬釋，貶爲黃州團練副使（相當於現今警察局副局長）。

2.為林語堂、巴金叫屈：黃主委似在責怪諾貝爾文學獎主辦當局不應錯過蘇聯的托爾斯泰和中國的沈從文。我則爲林語堂、巴金叫屈。活躍於七十、八十年代的林語堂，著有《生活的藝術》、《蘇東坡傳》、《吾土吾民》、《京華煙雲》等英文著作，暢銷四五十年，知名度之高眞是罕見。但可能因爲他的反共意識太強，得罪世界文壇上的左派分子而招致不滿。試看他早年與魯迅等左派文人打筆戰時的詩句：「故國河山尚未還，無暇清理舊新冤。罵街何補家國事，飲醋合該肚皮酸胸有成竹總宜讓，手無寸鐵可放寬。且看他年平寇後，何人出賣舊家園。」不論作品的質與量及其影響力，都應頒獎給林語堂。

另一位應得而未得者，是二〇〇五年去世的巴金。他自一九二九年開始寫作，直到二〇〇五年十月十七日辭世，前後長達七十年。只有一九六六至一九七六年文革時期被下放勞改而中斷十年。他曾獲義大利但丁國際文學獎，並獲香港中文大學榮譽博士，一九八五年獲美國文學藝術學院授予海外院士。他一生共寫了九十二本作品，三百餘萬字。其作品特色是：揭露並抗議帝國主義的侵略，揭露封建制度的腐朽，歌頌眞誠的友情，對勞動者同情與讚美。他享年一〇三歲。

3.賴和給我的啟示：賴和是我的同鄉長輩。一九二五年日本警察在彰化縣二林鄉鎮壓二林蔗農。被逮捕者都受酷刑毒打。賴和立即在臺灣《新民報》發表〈覺悟下的犧牲〉，寄給二林同鄉，用以激勵二林蔗農。不但激發賴和的第一首新詩，也激起臺灣知識分子對日本政府強橫欺壓蔗農問題的批評。其中最可貴的是促成蔗農自身的覺醒。

4.與臺灣有關的英若誠：《文學的海》書中提到美國劇作家亞瑟米勒赴大陸與英若誠和北京人民藝術劇院演出《推銷員之死》。英若誠是臺大外文系已故主任英千里教授之子，身材魁梧，眉清目秀，中氣十足，也讀外文系。一九五〇年在北京人民藝術劇院任演員。後任翻譯。兩年後回任演員，演過《雷雨》的魯賓。英語流利而文學造詣精深，作家曹禺訪歐美時由他任翻譯，兩人有紅花綠葉之效。美國明星鮑勃霍普訪中國大陸，也由他擔任翻譯。演老舍的「茶館」，他一人兼飾劉麻子父子二角；演《駱駝祥子》時飾虎妞之父劉四爺。曾隨著人藝劇院赴歐演出。大陸文革期間，他曾被下放五七幹校勞改四五年，最後在人藝大門口傳達室當門房。他曾慨嘆：「紅衛兵一代，能好好吸取經驗教訓，是將來中國的希望。」確爲閱歷有得之言。

5.**海明威的啟示**：以獵槍自殺的美國小說家海明威，影響到我的一位自德國留學返國的吳姓友人；他向其父求取百萬元投資玩具工廠而被拒，竟將獵槍吊在水龍頭，對準自己腦袋而扣扳機，死狀至爲悽慘。海明威的名作《戰地春夢》，以自己在義大利戰場受傷，以及和戰地醫院護士的一段情爲藍本，最後女主角難產而死。旨在宣泄反戰思想。他的代表作《老人與海》，一九五二年九月在《生活週刊》發表時，當期熱賣到五百三十萬份，頗有洛陽紙貴之勢。故事情節極爲簡單：一個名叫聖地牙哥的古巴老漁夫，在連續八十四天無魚可獲的情況下，隻身駕小船出海捕魚，捕到一條大馬林魚。但此魚太大，拖著在海上跑了三天已筋疲力盡，便將魚綁在船的一側；但因船太小，容不下這條大魚，在歸途中一隻沙魚嗅到死魚的血腥味，一次又一次向死魚襲擊。老漁夫設法反擊，用小刀綁在槳上，但刀斷了；用短棍猛打，短棍也斷了；再用舉舵進攻，最後只帶回魚頭和一條脊骨回港。全書主旨在闡明：人不是爲了失敗而活的；人可以被毀滅，但不能被打敗。

6.**關於趙無極**：黃主委在二月記事中提到，一九二一年出生的趙無極是當今世界頂尖的大畫家，生於北京，十四歲入杭州藝術專科學校，二十歲畢業留校任教。一九四九年六月在巴黎的約克勤茲畫廊舉行畫展，與法國超現實主義詩人兼畫家亨利米修私交甚篤，除爲其版畫配詩，還向畫商皮耶羅勃推荐，展開國際巡迴展。他認爲：中國傳統畫講求與自然共存的理念，與西方抽象畫若合符節。趙無極早期畫作以深黑及褐冷色調爲主，筆觸強而有力，在畫面流動強烈情感。七〇年代轉爲明亮艷麗，邁向雄偉磅礴景象。

聽過黃碧瑞主委一場演講，再讀了她的這本《月光下．文學的海》，總覺得她語氣從容，文字簡潔，始終一貫。或單純敘述，或簡要說明，從不虛張聲勢；既不塗脂抹粉進行無謂的描繪渲染，也不費心營求意境，更不敷衍常識或賣弄學問；不時流露出她個人獨特而新鮮的感悟與洞見。在這短而細瑣的篇幅中，不時閃爍著智慧的光芒。樂爲推介，以饗讀者。

（本文全篇一萬字，部分節登國語日報書和人第一〇九二期；部分節登「今日生活」第三八五期）

台灣學界國寶——張仁青

——兼評其遺著《揚芬樓文集》

一、引　言

學界國寶，兼擅詩詞及駢文創作張仁青教授，不幸於今年三月因喉癌不治而逝世，享壽六十有九，不啻爲台灣學術界的一大損失。

在其臨終前夕，出版家彭正雄爲其出版六十四萬言的《揚芬樓文集》，堪稱是文化界的空谷跫音，足以留傳千古，一代才子當可含笑九泉了。

嚴格說來，張仁青算是我的師兄，他的老師謝鴻軒教過我駢文選，戴培之教過我書法；私淑的詩人許君武，也是我的課外恩師。謝鴻軒老師曾於課堂上說：「我不如仁青老弟」，一如于大成之推崇書法家杜忠誥一般。

二、傳　略

在台灣的大學裡，張仁青創下幾項紀錄：①由家徒四壁的牧童，搖身一變而爲國家文學博士；②大一新生就能以六朝文體撰寫論文而勇奪第一；③在大學肆業期間，就能編纂駢文教科書，而爲七八所大學所採用；④一面讀大學一面鑽研究所課程，並爲三位名教授爭相納入其門下，可謂得天獨厚的了。若非功力過人，怎能受到大師的青睞。

張仁青係於民國廿八年五月六日出生於花蓮縣瑞穗鄉秀姑巒溪邊的貧瘠農村，自幼由於家境清寒，必須經常協助父母四處打零工，他利用爲人放牛的時間，偷讀中國古典章回小說，從《東周列國志》、《三國演義》、《水滸傳》、《紅樓夢》、《西遊記》到《封神榜》等一百多種，在小學三至六年級之間全都看完，這也奠定了他最後走向文學之路的基礎。

小學畢業後，參加花蓮縣的初中聯考時，不但考第一名，而且國文得了一百分，（注：近代以來羅家倫、胡適、曾濟洪皆然），因爲批閱國文試卷的老師，認爲那篇文章不可能出自一個十二歲孩童的手筆。

他生平受到數位貴人的提攜，就讀花蓮鳳林初中時，遇到一位出身北師大國文系的張馥桂老師，他曾任基隆女中教務主任，只因欣賞花蓮的山水，而自願前往窮鄉僻壤任教，常利用課餘之暇爲他講授古文觀止，並灌輸基本的國學常識。

十五歲初三那年，他體諒家庭窮困，無力供他念高中，便響應蔣經國建艦報國的號召，毅然投身軍旅。由於只具初中文憑，分發到陸軍通信兵學校，學習電動打字、載波、傳眞等技能，爲時半年便宣告結束。隨後被分發到國防部，專爲部長發電報打傳眞，每天上班六小時之外，可自行安排時間，對於嗜書如命的他，可謂正中下懷求之不得了。因此他當了四年的兵，一如老百姓般的逍遙自在，重新回復對文學的熱衷。巧遇幾位知名作家，如李辰冬、金杏枝等人，尤以後者對他影響最大，原來金杏枝本名馮玉奇，三十年代在上海便以寫作鴛鴦蝴蝶派小說，而與北方的張恨水齊名。

馮玉奇出身上海大廈大學中文系，初到台灣時潦倒不堪，只好由太太在北市信義路開了一家文具店，藉以餬口維生，張仁青常去買稿紙，認識了馮太太金宇鈺女士，她深爲他的好學所感動，便主動將其文稿轉交馮玉奇過目，並詳加批改，張仁青大爲驚奇，簡直具有點鐵成金的功效，在馮的鞭策下，他不但寫白話文、文言文，也學會寫小說。

後來，張仁青自覺非三軍官校出身，在軍中的發展十分有限，便依據「中美共同防禦條約」的規定提前退伍。好在好學不倦的他，曾參加國軍隨營補習教育，取得了高中同等學力的資格，而後便以這張證明書報考大學。

有一段時期，他對古典文學暫時撇開，想在將來經綸邦國，霖雨蒼生，以充當一名政治家或政論家爲職志，遂以政大政治系爲第一志願，孰料，進入政大之後，家中貧困如昔，父親只能幫人挑磚頭、打零工，無力供應生活費，當時木柵與台北的交通非常不便，想當家教也不可能，便於翌年重新報考，惟一的途徑是進公費的台灣師大，而台灣師大未設政治系只好報考國文系，由於他的中文根柢十分紮實，終於一試及第，遂其宿願。

民國四十九年九月，他考入台灣師大國文系，時隔二月，參加全校論文比賽，題爲〈大學聯考甘苦談〉，他洋洋灑灑地以六朝文體寫了二三千字，文情並茂，立論精闢奪得第一名。

引起當時系裡的大師級教授林尹、李漁叔、成惕軒的震驚，爭相收他爲門生，他恭敬不如從命，從此四年之內，除了正規課程之外，另從林尹所長學文字音韻；隨李漁叔教授學詩詞韻文；拜成惕軒教授學駢文創作，就中以駢文的研究與創作成就最大。後來他順理成章地考入研究所之後，碩士論文題目便是《中國駢文發展史》，而博士論文則爲《魏晉南北朝文學思想史》，全是一脈相承的心血結晶。他在大學時期所編纂的《歷代駢文選詳註》，也是洽請成惕軒教授詳爲校訂，才敢公之於世，爲了感念成教授知遇之恩，後來拜他爲義父。

由於三位大師的賞識和教誨，使他倍加鞭策自己，於五十八年取得文學碩士學位，六十七年取得國家文學博士學位。

旋即應聘執教於國立中山大學中文系，專教詩詞和駢文，鑑於駢文已漸失時代意義和實用價值，他主動請求校方將它由必修改爲選修，足見他心胸開闊，絕非敝帚自珍的冬烘先生所可比擬。中山退休後改任文大中文系教授，後因積勞成疾，人家勸他開刀，他恐怕請病假失去教職，終告亡身，實爲一念之差所致。知者莫不深表惋惜。

三、揚芬樓文集評隲

他的遺著《揚芬樓文集》涵蓋民國四十八年至九十五年之間的散篇論著和創作，共分八大類：

①學術論著：共四十五篇，約四十萬言，爲全書之主軸，他自幼即抱有以學術經綸邦國，

霖雨蒼生之大志，曾發下宏願，終其一生盡其在我，堅守學術報國之初衷。

對於文學與生活的結合，他語重心長地說：由於工商業的高度發展，台灣地區的人民，物質生活已接近先進國家的水準，但精神生活則差人一大截，試看東鄰的日本人，無論走到那裡，只要有空，都在閱讀文學書籍，所以日本的許多作家年收入都在前十名，且前十名高收入者中有四名是職業作家，這一點是台灣應該向日本學習的。我們只有酒櫃而無書櫃，日本人則兩者都有，甚至兩者不可兼得時，寧可犧牲酒櫃而改成書櫃。

何以國文程度日趨低落？「因爲有了電話、電視、電腦、音響以及電動玩具以後，大家都把時間花在娛樂上，不像我們少年時期，一空下來馬上寫筆記、日記、週記、作文、大小楷，補救之道是：「把娛樂時間減少，多花時間去閱讀古典文學作品，從中陶冶自己的身心，美化自己的生活」他說。

詢以「如何從鑑賞過渡到創作？」他說：「欣賞文學作品必須要有銳利的眼光，來洞察作品的內涵，再從作品中判斷其優劣、良窳，曹子建所謂：「有南威之容，乃可以論於淑媛；有龍淵之利，乃可以議於斷割。」必須有文學創作的經驗，才能鑑賞文學，鑑賞與創作應該合而爲一，如果光是創作，而無模擬、鑑賞的功夫，所創作的作品一定是空洞而無血肉生命可言，像沙漠一樣的貧乏。所以先要有鑑賞的能力、模擬的經驗，才能從事文藝創作，我本人在教詩選詞選等課程時，雖偏重鑑賞，但仍要求學生多去創作，且勤於批改學生作業，務期做到鑑賞與創作的合一。」

②韻文：共有廿四篇，歸納爲慶賀、哀祭、銘誄、題辭等四小類，他自童蒙識字之伊始，即偏愛有韻之篇什，因其音節鏗鏘口吻調利而又便於記誦。惟一缺憾是十之八九爲代筆者，予人置身事外之感。

③駢體文：駢體文爲古典文學之極品，亦爲唯美文學之神品，是全世界最艱深、最難學的文章，其所涵蓋的條件有五：①對仗精工②聲律諧美③典故繁富④辭藻華麗⑤句型靈動，五者必須全備缺一不可。其作品幾可與成惕軒和謝鴻軒二師相媲美，由於自認資質僅屬中等，文思遲緩，而又情同劉長卿，每完成一篇輒嗒然而廢，因此四十年間所作只有寥寥廿八篇而已，其餘諸多情事，本欲以駢體成篇者，輒往之改弦易轍，爲韻文與文言文所取代了。

④文言文：古人有云：「言之不文行之不遠」，確非虛言。他認爲欲求保存國粹，視文章之實際需要，間或亦用文言文創作，以期繼美揚徽，不致成廣陵絕響之嘆，多年來裒然成章者共計五十二篇，只當成飛鴻之泥爪看待。

⑤語體文：一般芸芸衆生，無不畏懼文言文之艱難而喜語體之簡易。所以自民八新文學興起後，有如洪水巨潦，沛然莫之能禦。生平他極少寫語體文，四十七年間僅戔戔十二篇而已，然而吉光片羽，反而備加珍惜。

⑥詩：張仁青愛讀詩而不愛作詩，因其耗時費事，而四十多年來爲求學位而受學術之訓練，爲生活而治他人之事，其所用以作詩者爲時甚少，大約只有六十多首，不過他的詩作情景交融，頗爲清新可喜，如〈泛舟〉云：「橋自橫空水自流，遠山如畫暮雲秋。盪舟芳侶歌

聲度，雙槳衝波洗客愁。」可與名詩人陳定山之〈泛舟〉相媲美：「藉海憑欄目遠開，日長嘉樹映舟迴。山崖杞菊吾何適，肺腑槎枒各有哀。臥枕脊梁書滿屋，座聞鼻息箸驚雷。鶴聲今夜橫天上，呼取江山盡舊醅。」當然陳定山較爲老練，視野也較寬。

由於馬英九的二姊乃西曾經當過他的學生，馬鶴凌去世時，他曾賦詩悼念：「緘葆青箱有義方，亭亭丹桂五枝芳。嘉聲懋績齊民仰，佇看龍駒復漢光。」

另一首〈憶舊〉：「湘女柔情林下才，月明倩影入夢迴。花開我不見，花落我方來。忍將揮手去，恨無紅葉作良媒。」與乃師許君武的「念舊京故人」頗有異曲同工之妙：奇愁夜襲酒無功，聊寄沈冥一卷中。射虎未須隨李廣，雕蟲猶覺愧揚雄。黃梅紫筍瀟瀟雨，白甚朱櫻淡淡風。欲共故人珍此味，舊遊惆悵鳳城東。」

只是許君武懷念的是同性友人，而張仁青懷念的是異性友人。

⑦詞：他謙稱對協律不太擅長，因此生平絕少填詞，一生只填過十三闋，且多屬三十年前所作，早年由於生活困頓，往往浮家泛宅，三移九往，所作之詞，隨作隨丟。不過細讀之下，覺其詞作造詣頗深，如「菩薩蠻」離情：「東風何處傳絲竹，驚回綺夢聲猶續。霪雨滴重簷，離情一夜添。此身如落葉，數載音塵絕。亦自有心期，可憐人不知。」頗有東坡以詩爲詞的況味。對偶兼用流水對、有無對及數字對。

可與胡品清的〈菩薩蠻〉相對看：「星河初轉瑤台路，嫦娥寥落愁無數，玉兔與金蟾，空知戲廣寒，瓊樓常寂寬，深悔偷靈藥。只合住紅塵，如何慕女神。」

又如鷓鴣天——賀孫仲筠新婚：「自繫紅絲應自珍，姻緣底事是前因。香屏正對妝台鏡，但笑新人原舊人。花似錦，月如銀。歡情蜜意欲爭春，但期明歲傳佳訊，又醉瓊觴娛衆賓。」可與吾師陳定山之另一首〈鷓鴣天〉相媲美：「素月清光滿畫樓，留香故故下簾鈎。人來只怕難尋覓，又放爐煙出霹篝。情悄悄，夜悠悠，翠窗明格竹通幽。今宵只恨無螢火，深透苔莓露似油。」有類於宋人所謂，一葉葉一聲聲空階滴到明的韻味。

⑧聯語：聯語實駢文的支流，比如一篇駢文，拆開即是一幅一幅的聯語，合之則爲一篇完整的文章。

張仁青曾於民國六十七年起，任行政院退輔會委員兼設計委員，專司文字應酬，歷時九年，撰擬文稿，以聯語爲獨多，雖爲人作嫁，但皆爲其心血之結晶：

如悼王雲五博士：

宏覽天人，綜獵中西，學滿寰瀛尊大老。

中國之寶，博士之父，澤沾碩彥耀千秋。

——惟一之缺失：覽、國皆爲仄聲，中之皆爲平聲不應相對。

四、質　疑

①張仁青認爲唐人朱慶餘所寫〈近試上張水部〉：「洞房昨夜停紅燭，待曉堂前拜舅姑。妝罷低聲問夫婿，畫眉深淺入時無」，就表面意義看可看成是一首很好的閨情詩，我不表苟

同。這是描寫唐人流行的溫卷陋習，朱慶餘得知其監考官是張籍，便將廿六首舊作，送交張籍，請其多交關照和鑑定，實有公開請託之嫌？當然，同爲求官干祿之詩、朱作比孟浩然的〈望洞庭湖贈張丞相〉來得含蓄，孟詩以「欲濟無舟楫，端居恥聖明。坐視垂釣者，徒有羨魚情」吐露心聲。孟浩然以想回鄉卻無船可搭來表露心跡，暗示張九齡，我想做官卻乏人引荐，徒嘆奈何之意。似乎較爲露骨。

②張仁青認爲李商隱的無題詩之一：「來是無言去絕蹤，月斜樓上五更鐘。夢爲遠別啼難喚，書被催成墨未濃。蠟照半籠金翡翠，麝薰微度繡芙蓉。劉郎已恨蓬山遠，更隔蓬山一萬里。」是一首失戀之作，顯示女子已有意與之決裂。因其應用劉晨遇仙故事，典故出自劉義慶《幽明錄》：「東漢浙江剡縣人劉晨阮肇二人同入天台山採藥，迷路遇二仙女，同居半年，返家子孫已七世，歷二百年，二人重入天台訪女，不見蹤影。

我認爲應爲失業之作才對，因其第四首有「東家老女嫁不售，白日當天三月半」之句，三月半是春天已去，比喻女子已老了，老女嫁不售，比喻自己找不到滿意的工作，此一首詩作於大中五年，商隱三十九歲，向令狐綯陳情，住在令狐家所寫，此時他沒有官職，所以比老女待嫁，用蓬山來比翰林院，表面上寫艷情，對方說來只是空話，等到五更天亮也不來，自己在夢中爲了在東風細雨裡，聽到似輕雷的車聲，知道想望的人回來，但見不到，重門深鎖，鎖上有金蟾銜著，當時令狐淘當了宰相，商隱向他陳情，他說會接見的，卻是空話，直到天亮也不來。令狐綯上朝回來，李商隱聽見車聲，卻見不到他，其內心之失望可想而知。

五、結　語

張仁青既精擅駢文又能填詞賦詩，堪稱全方位的文學家，將來在文學史上必將佔有一席之地。不過就某方面言，張仁青可以說是聰明一世胡塗一時，一心受到魚與熊掌兼而得之的心態所束縛，本來他在中山大學退休，每月可領八九萬的退休俸，他還不滿足，另外找到文大中文系的專職缺，月領十萬加上創作酬勞，每月二十萬跑不掉，當他被診斷罹患喉癌時，先經化療之後，醫師囑其接受開刀，他覺得一開刀就被文大認清他罹病在身無法任教的破綻，月薪十萬可能化爲泡影，因而拒絕開刀，改找中醫診治，並服中藥，不久即告喪命，何其冤枉也！鑽研六朝文學的張仁青，卻無法擺脫名繮利索的束縛，寧不令人扼腕浩嘆。

文壇長青樹——琦君

前言

屈指一數，名聞兩岸擁有萬千讀者的女作家琦君女士逝世已屆滿一週年，作爲長年讀者之一，不由得感慨繫之，再念及她在臨終之前所受病魔的折騰，一定使她感到痛苦難當，不禁爲之涕泗滂沱。

去年在其辭世之後，我向九歌、三民、洪範等出版社購置了一二十本琦君作品，夜以繼日的狂讀，對琦君作品有了深刻的體認，全文本寫成上萬字，礙於篇幅只能刪減爲一二千字，只要能引領讀者，邁入琦君的文學之門於願已足矣。

琦君作品臻於敘事則如其口出，寫景則如在眼前，抒情則沁人心脾的境地，不信試加品嚐看看，定會發覺此言不虛也。

文壇長青樹——琦君于二〇〇六年六月七日逝世享年九十歲，譽滿兩岸，大陸在其家鄉溫州爲其成立一座琦君文學館，二〇〇一年她曾親自參與開幕式，而中央大學爲其成立琦君研究中心。

作品淡雅餘韻無窮

琦君畢生從事創作七十年，著有小說、散文及兒童文學作品四五十本，曾獲中國文協散文獎、中山文藝獎及國家文藝獎。堪稱當代文壇的三冠皇后。

琦君早年在台默默耕耘二十五年，一直沒大名氣，直到一九七四年九月，旅美文學評論家哥倫比亞大學教授夏志清，在書評書目雜誌第十六期發表一篇專文，爲琦君打抱不平，認爲她的散文和李後主、李清照的詞屬於同一傳統，應該傳世，連五四時期朱自清的散文都比不上，這篇專文引起主編隱地的留意，將琦君一九五四年出版的《琴心》、一九六二年的《溪邊瑣話》、《煙愁》等重新出版，頓時洛陽紙貴風行一時，文評家紛紛給予極高評價。

思果說：琦君散文是落花一片天上來，亮軒說琦君散文是流不盡的菩薩泉。

琦君本名潘希眞，籍隸浙江永嘉，一九一七年生，五歲開始識字，閱讀中國古典詩詞，杭州之江大學中文系畢業，她的啓蒙老師夏承燾以稀世之珍的琦字來稱贊她，加上一個禮貌性的敬稱君字，便成了琦君這個富有特別意涵又能紀念恩師的筆名。

她於一九四九年來台，歷任司法行政部編審科科員，文化大學副教授、中央大學、中興大學教授，後隨夫調往美國定居二十年，直到二〇〇三年始倦鳥歸巢，飛回台灣，蟄居淡水。

結識丈夫杜甫「做媒」

她與丈夫李唐基的結褵出於偶然的機緣，她原準備這輩子不結婚了，不料杜甫替她做了媒。當年琦君獨自從家鄉來，住在司法大樓的宿舍裡，當時宿舍內住了很多單身男女，公餘大家偶爾會聚在一起聊天。某次，琦君做了好幾道菜請同宿舍的朋友吃飯，其中與她不太熟悉的青年李唐基，回去之後，特地寫了一封感謝信給琦君，信中引述杜甫的一首五律「月夜憶舍弟」：「戍鼓斷人行，秋邊一雁聲。露從今夜白，月是故鄉明。有弟皆分散，無由問死生。寄書長不達，況乃未休兵。」琦君斷定他也是一人在台，這首詩觸動了她的心，開始與他通信，自感年華漸大，異鄉飄零，而有孤單之感，決定接受追求和他結婚，琦君結婚時已是三十盛年，算是晚婚了。琦君笑說：要不是李唐基引述杜甫的詩，她是不會和他交往的，所以琦君常說：「杜甫是我們的媒人。」婚後五年生一子李一楠，是她的心肝寶貝。

代表作風格各異

琦君的作品繁多，最著名的是：

①煙愁：曾獲列台灣文學經典作品三十部之一，此書是她的第一本散文集，內容多爲懷念恩師如施德鄰、瞿禪源等人。

②三更有夢書當枕：這是琦君的第五本散文集，表現出她多愁善感的一面，將一些意想

不到的題材全變成了感人的故事。

③桂花雨：此書描述她生命中最親近的人如乃父乃母、丈夫兒子，文字溫馨，感人至深。

④橘子紅了：是一部四萬字中篇小說，曾改編成電視劇，由寇世勳、歸亞蕾、黃磊、周迅合演。內容描寫一段封建社會裡四角戀的愛情悲劇，氣氛溫馨、悽美，卻包含了複雜的人性。

書中人物複雜，關係糾結，與琦君的家庭故事，有某種程度的相似處。她原本來自於一個有大太太、二太太和三太太的家庭，惟女主角秀芬是在她大伯死後才被趕出家門，而她在書中安排爲秀芬因小產而病故。

琦君是個孤兒，一歲喪父，四歲喪母，後來的父母其實是伯父母，而父親除了在鄉下有個妻（琦君叫大媽），又在城裡娶了二姨太，大媽又爲丈夫納了三姨太，新婚之夜卻不見新郎，因此，琦君的童年經驗是崎嶇坎坷的，幸而有心地善良的大媽，一路扶養她長大。父親在城裡有事業，又另有家庭，很少回鄉下，與大太太的感情也就日漸生疏。

燈影情懷他年夢痕

⑤一襲青衫萬縷情：主要寫的是她在中學生活的回憶，以溫柔敦厚的手法，敘述身邊的人事物。懷舊是琦君作品的一貫風格，她善於以充滿情感的筆觸及細膩的心思，表達淡淡卻綿延無盡的故事。

⑥燈景舊情懷：此書為現代人傳播一絲古意，尤其對四十歲以上的讀者更為親切，可藉以反觀另一時空的生活內涵與情境。

⑦留予他年說夢痕：此書為其代表作，書中憶兒時之文佔了大部分，另外便是記海外的文章，密切地把她和台灣甚至整個中國的經驗融合在一起。

⑧夢中的餅乾屋：筆下人物都是一般人心裡想說想表達的一種愛的堅持。

以童心寫兒童文學

她的國學根柢深厚，寫白話文能掌握古文的精準，讀來清淺自然，簡潔流暢。

⑨兒童文學：琦君也是兒童文學作者，她自謙不懂兒童文學，由於本身很愛小孩，為了彌補當年因忙於工作寫稿，對獨生子李一楠的疏於照顧，兒子雖已長大成人，但她懷著一份母親歉疚的心情來寫兒童文學，所以她寫兒童文學保有一顆赤忱童心，也能以兒童眼光看待世間萬物，所以字裡行間饒富童趣。

琦君還有一個鮮為人知的嗜好，就是在臨睡前一定要翻閱兒童讀物，可使她恬靜地進入夢鄉，或許基於此，她投注心力於兒童文學。

琦君的童年是一座童話寶庫，她有取之不盡用之不竭的童話題材，凡是在童年生活中的人物花草和新奇事物，都是她筆下的主角，如慈藹的外公，遊手好閒的五叔，忠僕阿榮伯，求學階段的恩師，其中描繪最為感人的是她的母親。

琦君的記憶力十分驚人，無論年代多麼久遠，童年的記憶彷彿鎖在記憶銀行裡，隨時可提領，只要憶起童年往事，恍若走入時光隧道裡，她當年身邊的親友，一一浮現，音容笑貌，歷歷在目。小讀者寫信給她，無論多忙，她都會親自復信，不讓小朋友有任何心靈的傷害。

歲月如梭轉眼間，琦君過世即將屆滿一週年，忝爲多年老讀者之一，不由得感慨繫之，爰賦七律乙首，聊申悼念之忱：

詠絮才高萬口傳，生花筆底一陶然。
修辭用事出流俗，遣興爲文悟妙詮。
論道窮經跨兩岸，成書百部燦文壇。
匡時報國七旬整，長似星光耀漢川。

（民國九十六年六月「今日生活」三八四期）

評湯秀璸《逆風飛舞》

縱容男人劣行等於幫兇

拜讀湯秀璸女士的《逆風飛舞》，覺其字字血淚句句辛酸，令人一掬同情之淚，儘管薄倖郎簡志弘令她十年痴情成幻影還得賠上生命，但還是以「J」爲代號，不願公布其眞實姓名，其居心之良善與容忍之表現由此可見一斑。

不過細讀全書，覺得湯女士由於思維模式太過傳統，反應也太過遲鈍，否則應可免於悲劇之發生，特就所思所感略述如後：

受到傳統觀念束縛

以爲第一次給了他，就要跟他過一輩子的心理：在她與簡志弘交往一段時日後，兩人已到了無話不談的地步，一九八九年六月，簡志弘即將南下台中榮總實習時，她毅然對他以身相許，作爲彼此感情的保證，此後見面時間和次數逐漸減少，以至他後來的變心絕情，帶給她無盡的痛苦。

湯秀瓊被傳統的處女情結緊緊捆綁，其實時至今日，合則來不合則去，是衆議僉同的道理，女人爲男人獻身，照樣會有別的男人鍾情於妳。湯女士似乎懷有「君諒執高節賤妾亦何爲」的心態。殊不知眞愛應包括共同的目標，而非僅止於熱火般的愛情，最重要的是在互相支持和信賴中取得平衡點，並出之以坦誠，將對方的優缺點一併納入。簡志弘根本對她的類風濕性關節炎痼疾，又不能生育視同疙瘩，且通不過父母這一關，故而幾次想與她分手，而她卻死心踏地非他莫嫁，眞是傻到極點。

湯秀瓊對簡志弘的痴情自始至終都是剃頭擔子一頭熱，對她而言，簡某只是半推半就。早期受其秀麗外貌所吸引，後來發現她患有無法生育的痼疾，感情便起了動搖，而她未能察覺，直到結婚前夕，他又藉口支援宜蘭衛生所而逃避她，顯然是在逃婚，根本無結婚之意願，湯秀瓊受其花言巧語蠱惑，還赴宜蘭與他會合，簡直太過愚昧了。一九八九年五月，她鼓足勇氣去拜見他的父母，乃父一臉冰霜，使她受盡奚落，依然無所警覺於坎坷的婚姻之路。

在兩人公證結婚後，簡志弘要求她以女朋友身分窩居在嘉義的單身宿舍，形同軟禁，簡無意與她共度人生之路，用意至明，她竟逆來順受，簡直到了香臭不明的地步。語云：「聞弦歌而知雅意，見烏雲而知暴雨將至」，她卻毫無觀察力和警覺心，令人徒呼負負。

反應太過遲鈍

最令人匪夷所思的是，洗澡時乳房出血，經人診斷已屆乳癌第三期，只因聽信簡志弘一句「只是內分泌出問題，沒關係」，而延誤了治療而至病入膏肓，爲何不能多找幾家公立醫院的醫師作診斷，何況，此時已發現他與S有曖昧關係，攸關生死關頭，爲何不以身體不適或參加同學會爲藉口溜出去就醫，丈夫又沒將她用枷鎖綁住，爲何不能臨機應變，她的四年大學教育簡直把書讀到背上去了。當然，性格決定命運，她涉世未深，處處以君子之心度小人之腹，全然不知簡某是個狡猾詭詐、善於文過飾非的僞君子。

西洋人的婚姻是個體與個體的結合，而中國人則爲兩個家庭的融合，故而自古以來，重視兩個家庭背景的相似，所謂「門當戶對」即是指此而言，湯簡二人訂婚時，只請洪媽媽作證人，男方親友無一出席，他的藉口是「若找他的朋友，事情很快就會傳到他家人耳中。」結婚又不是見不得人的事，爲何不堅持他去說服雙親，如果新郎站得住腳，哪有雙親不承認新娘之理，問題出在簡某並未向乃父表明非秀瓊不娶的決心。

婚姻未受祝福難有好結局

既未獲得雙親的同意，只好採取公證結婚而不宴客的權宜措施，殊不知結婚前兩天他又以家庭醫生科蔡主任不准請假擇期另辦公證結婚，將結婚視同兒戲，根本不願與她結婚，採取緩兵之計，要求秀瓊給他時間慢慢與家人溝通。當然沒有考量醫生是難纏的對象，個個都有優越感，要求才貌雙全，一則幫他開業，一則讓他帶得出去，試看雙料博士邱彰，嫁給一位醫生，只因不准她外出就業而告仳離，前任中興百貨總經理徐麗玲，貌美如花，只因其醫生丈夫經常應酬到深夜，使其無法容忍而告分道揚鑣，條件優越的邱、徐二女都不能令醫生丈夫滿意，何況身染痼疾的她，怎能令其中意？

湯秀瓊一心認爲，爲了彌補無法傳宗接代的缺陷，領養乃妹所生之子，在戀愛時，簡某也曾表示同意，殊不知此一時也彼一時也。簡某受到外界條件比她好的女人S、女護士或女醫生，便把原先的承諾拋諸九霄雲外，湯不明男人變心時所有的海誓山盟都會棄如敝屣的道理。

台灣有句俗語說：「軟土深掘」，此語正是簡某行徑的最佳寫照。由於湯秀瓊對簡某的每一樁劣行都逆來順受，使他一再故技重施，比如一再以支援宜蘭衛生所而與S偷偷幽會，她也無可奈何。直到她發現簡某腳踏數條船時，想要興師問罪，他都以「這樁婚姻我不承認」作爲抵賴的口實。直到後來提出殺人未遂及通姦罪的告訴，他也兵來將擋無所畏懼。有人說壞男人都是好女人慣壞的，確爲閱歷有得之言。當然，一開始簡某即看穿了秀瓊的心坎，今生今世簡某是她的惟一，再怎麼耍詐，都不會與他分手。

在湯秀瓊提出告訴後，簡某的表現亦絕情如昔，一九九八年初湯秀瓊向台北地院請求簡某支付生活費（包括每月看護費二萬四千元，醫藥費、生活費七萬元），簡某卻只願支付一萬元，他年收入二〇〇萬元，且有半年收入二三七萬元的紀錄，卻故意裝窮。

縱容劣行等於幫兇

根據專家研究，乳癌如能早期發現，早期診治，便不致有喪命之虞，其治癒率，零期爲百分之百，第一期九七%、第二期八八%，檢察官以殺人未遂罪及通姦罪予以起訴，認其在婚後仍與S熱戀，想從婚姻的枷鎖中解脫，更認爲她不可能答應他離婚，趁她向他求診之機會，頓生殺人之犯意。二〇〇〇年六月，高院以故意使人重傷判他五年有期徒刑。刑事附帶民事的損害賠償精神損害三千萬，勞動力喪失部分六〇〇萬。地院一審判決精神損害三千萬，勞動力喪失部分五〇〇萬元。她認爲從頭到尾他都是個小孩子，而她是成人，怎能要求一個小孩子對自己的行爲負責？

因此，將損害賠償費由三六〇〇萬元降爲十萬元，又恐他在牢中受煎熬甚至會挨揍，因而一概予以除罪，可說婦人之仁的表露，可能基於「十年修得同船渡，百年修得共枕眠」的心態作祟，但此舉太過便宜了簡某，也使正義公理難以彰顯。

（九十一年元月卅一日　台灣立報）

二、大陸作家之部

中國文壇瑰寶——巴金

在上海華東醫院臥病達六年之久的人瑞作家——巴金，已於前年（二〇〇五）十月十七日與世長辭，享壽一百零二歲。至此繼施蟄存、蘇雪林兩位之後，五四作家已凋零殆盡，令人不勝欷歔。他多次被提名角逐諾貝爾文學獎，可能由於晚年未能持續創作，作品譯成外文的又不多，因此沒被選上。不過其影響力在大陸民衆心目中仍有崇高的地位。

二〇〇三年他被大陸十七家媒體評選爲二十世紀文化偶像之一；最妙的是：他雖然在臺灣並不熱門，其作品《家》卻入圍百大小說。綜合巴金的一生，具有六大特色：

㈠矢志寫作始終如一：自一九二九至一九四〇年是他創作高峰期，一九六六至一九七六年文革時他被下放勞改，禁止寫作，一九九七年恢復寫作，前後垂七十餘年，即使最後不能執筆，也以口述方式令其女兒李小林筆錄，對寫作之執著令人欽佩。

㈡淡泊名利，樂善好施：他一直信奉「遠不實之名，絕非分之利」的圭臬，平日不領薪水，仰賴稿費維生；曾經慨捐人民幣十五萬元作爲現代中國文學館的建館基金。

㈢擁有垂世之館：由於他的極力奔走和建議，在其百歲期頤之慶時，北京市西郊現代中國文學館宣告落成。

㈣老而彌堅，迎戰病魔：他晚年罹患帕金森氏症多年，以及慢性支氣管炎、高血壓等多種疾病；住院期間兩度病危：一是一九九九年春節過後，因呼吸道感染引發高燒，呼吸衰竭；一是在大前年二月底肝腎功能失去作用，心臟曾停止跳動數十秒，經院方搶救後才恢復肝腎功能。他對生死看得很開，多次向家人要求安樂死，在無奈之餘發出了「長壽是一種懲罰」的感嘆。

㈤受社會敬重：自一九七八年出任中國作協主席，以迄病逝；一九四五至一九八三年擔任全國人代委員；自一九八三年起出任全國政協副主席，以迄終老。

㈥稟性天眞坦率：文革時期被下放勞改，罰住牛棚，並被剝奪寫作權利長達八年。由於身受其害，因而大聲疾呼中共正視過去錯誤的歷史，要求設立文革紀念館，爲那些無辜死亡的廣大群衆紀念哀悼；但是至今未能如願，只能抱憾終身。

巴金的家世

巴金曾於一九八二年四月榮獲義大利但丁國際文學獎，一九八三年榮獲法國總統密特郎頒贈法國榮譽勳章，表揚他在文學上的貢獻；一九八四年香港中文大學授與榮譽文學博士學位，一九八五年美國文學藝術學院授與該院名譽海外院士，其成就之高，只有諾貝爾文學獎得主高行健堪與比擬。

他於一九〇四年十一月二十五日生於四川成都一個官僚地主家庭，本名李堯棠，字芾甘，取自詩經召南甘棠詩句：「蔽芾甘棠」，後來因仰慕俄國無政府主義者巴枯寧與克魯包特金，而選取「巴金」爲筆名，沿用至今。其父李道河曾任四川廣元縣知縣，整個大家庭共有長輩近二十人，兄弟姑嫂二十餘人，男女僕人四五十人。他目睹聽差、轎夫的悲慘生活，在僞善自負的長輩們壓力下，他聽到年輕生命的痛苦呻吟。他在舊禮教的束縛下苦苦地掙扎。他十歲喪母，十一歲父再娶，十三歲喪父，家道逐漸中落，繼母及一兄兩姐兩弟三妹跟他自己都由大哥照料生活。一九二〇年他祖父去世，大家庭紛爭不已。他大哥於一九三一年自殺，使其心靈留下永難抹去的陰影。

巴金的學歷

巴金少年時期在廣元縣衙門內與兩個哥哥兩個姐姐一起在家塾就讀，老師姓劉，從三字經、百家姓、千字文讀起，再背誦古文觀止。晚間跟從母親（陳淑芳）念白香詞譜中的詞。在五四運動的浪潮下，他耽讀啓蒙雜誌新青年、每週評論等刊物，吸收各家的不同思想並培養他對文學的興趣。一九一七年起利用晚間向成都外語專門學校讀書的香表哥學英文；一九二八年進成都青年會英文補習學校學習。後因病輟止，繼續在家跟香表哥學習，持續兩年之久。十五歲時向留學日本的兩位叔叔學習日語，一九二〇年和三表哥堯林同考入成都外語專門學校，由補習班到預科、本科，前後爲期二年半；並向成都師範學生朝鮮人高自性學習英語，不久即告輟止，足見他深知請益多師的眞諦。

一九二三年隨著三哥自成都搭木船去重慶，再由重慶沿長江至上海，因無中學畢業文憑被外語專門學校改爲旁聽生。失去獲得該校畢業文憑的資格，只好進入上海南洋中學就讀。到了年底，改赴南京，進東南大學附屬高中補習班就讀，半年後插班進入該校高中三年級。課餘之暇向上海市世界語書店函購書籍自修，並開始根據英文翻譯文章。一九二五年畢業於東南大學附中，前往北京準備投考北京大學，先後逗留半個月，但是他因爲罹患肺結核未進考場，在旅館裡捧讀魯迅的《吶喊》，得到少許的慰藉；不久，便返回上海養病。

一九二七年，他搭乘法國郵輪昂熱號離滬赴法，同行的有衛惠林等九名中國學生，旨在學習經濟學並進一步研究無政府主義理念，順道考察歐洲的社會運動。一九三〇年自法返國，旋即由上海轉往福建泉州旅行，投宿於黎明高中，在陳範予的指點下學習生物知識。不幸的是，由於他在外國的遊學經驗，在文革時期竟被紅衛兵指爲假反封建，受盡折磨。他認爲最主要的老師是生活。他在生活中的感受，才使他成爲作家，最初還不能駕馭文字，作品中不少歐化的句子，他邊寫邊學習邊修改，直到晚年莫不如此。

巴金的經歷

一九二一年巴金在成都讀《半月刊》第十四期，覺其所登〈適社的旨趣和大綱〉很感興趣，便寫信給《半月刊》編輯部要求加入。三天後編輯來訪，說明適社在重慶，便參與《半月刊》工作，自認爲學到自我犧牲之精神。翌年，出任《平民之聲》月刊主編。第一期出版一千份，即被禁止發售。後來半公開發行十期。一九二九年擔任上海世界語函授學校教員，並當選上海世界語學會理事。同年二月以「馬拉」爲名，主編《自由月刊》，共發行五期。一九三三年初冬應燕京大學心理學講師夏斧心之邀，到燕大住一學期，有如現今流行的駐校作家。一九三六年與靳以合力創辦《文季月刊》，是時上海福州路四三六號三樓爲文化生活出版社的社址，北四川路的良友圖書公司爲《文季》編輯室，每日往返兩地主持編務。

一九三六年他收到一位王姓陌生女子的求救信。此姝爲巴金作品讀者，因失戀而帶髮修行，陷入虎口；巴金冒充其舅父幫她脫離危險。不久，巴金與上海愛國女學生陳蘊珍（蕭珊）結識。陳姝爲巴金作品愛好者，由通信討論作品而逐漸稔熟。她是浙江寧波人，與巴金相差十三歲，後來蕭珊在昆明曾就讀西南聯大外文系，翻譯過屠格涅夫中篇小說《初戀》等書。一九四四年五月，巴金與她在貴陽的花溪小憩結婚；婚後，他育有一兒一女。

抗戰勝利，臺灣光復後，一九四七年巴金來臺借住在臺大外文系黎烈文教授家，停留兩週，便到基隆乘船返上海。巴金與蕭珊由互相仰慕而生愛意，與臺灣文壇的柏楊與張香華、沈君山與曾麗華，有著異曲同工之妙。

巴金的長女李小林，現任上海的文學雜誌《收穫》月刊主編；兒子筆名李曉是小說家，在上海政協工作。文革時期巴金因出自黑五類，被戴上「黑老K」的帽子；蕭珊也陪著受罪。一九七二年蕭珊生病，拖到發現腸癌，終至蔓延爲肝癌而亡。巴金與她眞是鶼鰈情深，曾說：「她是我生命的一部分，她的骨灰裡有我的淚和血。」

巴金多年來一直在新聞界和出版界供職，一九三七年出任上海烽火雜誌社總編輯，同年八月任《救亡日報》編委。後來偕蕭珊赴廣州，到文化生活出版社廣州分社負責出版業務。一九四七年五月，文化生活出版社增設董監事，巴金出任常董兼總編輯。時隔三年可能自覺不堪繁瑣，相繼辭去常董及總編輯職務。七月出任上海文聯副主席。一九五三年出任全國文聯委員，翌年出任第一屆人大四川代表。由文壇要角而跨入政界，實爲巴金始料所未及之事。

曾經提拔過巴金的葉聖陶先生，贈詩曰：「誦君文，交不淺，五十年。平時未必常晤敘，十載契闊心悵然；今春文匯刊書翰，識與不識衆口傳；揮灑雄健猶往昔，蜂蠆于君何有焉；杜云古稀今曰壯，佇看新作湧如泉。」對巴金的推崇溢于言表。一九七九年巴金當選中國作協第一副主席，一九八○年當選中國筆會中心主席，聲望之崇隆臻于頂點。

巴金的創作生涯

巴金的創作生涯始於一九二二年，時年十八歲，就在文學旬刊婦女雜誌發表新詩九題二十首、散文一篇；並投書對「鴛鴦蝴蝶派」的文學深表不滿，受到編者贊同。

一九二七年他由上海前往巴黎，正逢兩個意大利人薩柯（N. Sacco）與樊塞蒂（B. Vanzetti）被人誣告爲竊盜殺人犯，在美國麻省波士頓的囚牢中關了六年；他寫信給樊塞蒂表達慰問之忱。樊回信：「青年是人類的希望，我希望每個家庭都有住宅，每個人的智慧都有機會發展。」他非常感動，認爲講出他心裡的話。孰料九個月後薩、樊二人被處死在電椅上，使巴金悲痛莫名。

當他接獲薩、樊噩耗時，整天激動地寫信寄往各處控訴美國政府，他內心的同情和掙扎促使他寫成《滅亡》（二十一章）。他的救援活動，連羅曼羅蘭和愛因斯坦也都參與。他在《滅亡》小說中吶喊：「凡是曾把自己的幸福建築在別人的痛苦上面的人都應該滅亡。」他刻意抄寫在五大本硬紙面練習簿上，由法國小城沙多吉里將它寄回中國，給一個在開明書店供職的朋友，受到《小說月報》代理主編葉聖陶先生的賞識，分爲四期連載，引起廣泛的回響。巴金從此決定以寫作作爲救人救世的道路。

一九三〇年完成中篇小說《死去的太陽》，寫一個小資產階級在五卅事件中的多少有點盲目的衝動，以及因活動而幻滅，由幻滅而覺悟的一段故事。

一九三一年四月，他最著名的代表作《家》，以「激流」爲題，在上海時報連載（共三十萬字）。《家》描述四川成都一個大家族逐漸衰落的過程，穿插一群青年男女或在禮教中犧牲，或敢對封建搏鬥的故事。巴金自承《家》就是自己家族的故事，他自己就是書中勇於與傳統決裂，從封建家族出走的典型。後來他再寫《愛情三部曲》：霧、雨、電，於一九三三年定稿。

自一九二九年到一九三七年是巴金創作上的豐收期，寫了十二部中長篇，十本短篇小說集。他在作品中寄同情於下層人、小人物，追求光明又帶有一些抑鬱性，主題和題材以勞動者的苦難生活以及他們所受的壓迫和覺醒爲主。

八年抗戰中他寫了《激流三部曲》的後二部《春》、《秋》，中篇小說《憩園》、《第四病室》，短篇小說集《小人小事集》。他不再像以前那樣感情奔放，而是冷靜地刻畫現實。

在文革十年中，他的作品被列爲大毒草受到批判。他也被當作大文霸黑老K而遭關進牛棚，受到種種精神折磨與人格侮辱。時隔七年，四人幫滅亡，他才重新提起舊筆。他寫小說從未想過創作方法、表現手法和技巧等問題，他想的只是如何使人生活得更美好。

他的作品分爲兩大主題：一是探討青年革命之路，如《滅亡》、《愛情三部曲》，二是表現家庭生活，如《激流三部曲》、《憩園》等……。

巴金的作品特色

巴金這一生寫下九十二本書，共計三百萬字。其特色有四點：

㈠揭露和抗議帝國主義的侵略：在上海他目睹洋人趾高氣揚地欺凌中國人，又曾親受日本侵略者炮火的威脅，眼看侵略者的兇殘轟炸、屠殺無數中國人，巴金對帝國主義的野蠻行徑表示了激烈的義憤。

㈡揭露封建制度的腐朽：他常利用深沉的回憶，對黑暗的憎恨，對光明的渴望，使其文章具有明確的批判力和進步傾向。他善於運用奇特的想像、幻覺的形式，表露他對現實的極端不滿。

㈢歌頌眞誠的友情：他不止一次談到朋友對他的幫助和關懷，談到友情的可貴。「生人妻」的世彌總是像兄姐似地幫助朋友解決問題；被稱爲生命的象徵的陳範予，爲了社會改革的理想辛苦了二十年，儘管一天天瘦下去，但沒有停止過用笑和脣舌謳歌生命之美。

㈣對勞動者的同情和讚美：自幼即對轎夫僕人充滿同情，哀嘆他們的不幸命運，決心與他們站在一起，爲他們爭取幸福。他曾以精細的工筆描繪一個小乞丐的神態，給人留下難忘的印象。

巴金的文學創作幾乎都寫在一九四七年以前。一九四九年以後，巴金漸失創作的自由。晚年代表作《隨想錄》中的嚴格剖析和反思幾近苛求，字裡行間仍顯示他的世界主義理想。他之所以能慨捐十五萬人民幣給現代文學館，顯示他的經濟條件優渥，可能是國民黨時代大批版稅和報酬的庇蔭也未可知。

世無十全十美之人，作家亦然。論者謂巴金的作品藝術性稍差，較諸魯迅、沈從文，他的寫作太直露，且以直接、主觀的方式抒發創作者的感情，較難打動讀者心弦。原先他嚮往無政府主義，到了中共文革後，他就閉口不談了，顯示他的幾許無奈。

（九十六年二月十七日　國語日報《書和人》第一〇七五期）

與世紀同齡的福州才女——冰心

一、引　言

五十七年前當我就讀初中一年級時，首次讀到冰心的〈寄小讀者〉，深爲她那文詞的清新、語句的懇切而欽佩得五體投地，近日爲教學寶塔詩，而找出她早年與夫婿吳文藻合寫的一首〈馬〉作範例，再度想起這位慈祥老人。

意外發現我與冰心有三個相同點：①同屬天秤座，她生于十月五日，我生於十月十五日；②同樣愛作寶塔詩，她與當年未婚夫合作的馬／丁香／羽毛紗／樣樣都差／傻姑爺到家／說起眞是笑話／教育原來在清華／冰心女士眼力不佳／書呆子怎配得交際花。——〈馬〉屬上聲廿一韻，而韻腳屬於上平九佳和下平六麻，較不嚴謹，不過充滿打情罵俏的意味。而我所寫：沈／師兄／思密縝／學養精湛／下筆新句穩／擲地作金石振／離離短幅開平遠／鑿詩歛句轉趨遒緊／上庠論道顧影頻自哂。——我採用上聲十一軫，一韻到底。寫出沈謙在世時從事教學和寫專欄的兩大特色。③同赴日本講學，她教五年，我教一年，她任講師，我任副教授。

二、傳略

謝冰心（一九〇〇～一九九九），本名謝婉瑩，是中國第一代兒童文學作家，集小說家、散文家、詩人、翻譯家於一身，籍隸福建長樂，生于福州一個具有愛國維新思想的海軍軍官家庭，乃父參加過甲午海戰，對抗過日本侵略軍，後在煙台創辦海軍學校兒童部出任校長。三歲時由乃母帶往上海，翌年又遷往北京，後來轉往煙台，由於生活在大海邊，大海陶冶了她的性格，開闊了她的心胸，而乃父的愛國之心與強國之志也深深影響她幼小的心靈。

一九一四年冰心進入北京公理教會所辦的貝滿女中就讀，接受基督教教義薰陶，對她早期作品產生莫大的影響，一九一八年進入協和女子大學，一九一九年參加五四運動，不久，協和女大併入燕京大學，她擔任女學界救國會宣傳組工作及燕京大學學生會文書工作，當時由於工作關係寫些文章寄到北平晨報副刊發表，恰巧表兄在晨報擔任編輯，發覺她文筆不錯，一方面鼓勵她多寫，一方面不斷把新潮、改造、新青年等雜誌寄給她看，她開始採用冰心爲筆名寫小說，這個筆名取自王昌齡的「芙蓉樓送辛漸」詩：「寒雨連江夜入吳，平明送客楚山孤。洛陽親友如相問，一片冰心在玉壺」的末句，一片冰心指心存明潔，有如一塊素冰，玉壺是用玉做的壺專以盛冰，全句意謂：我的心清廉明潔，有如一塊冰放置在玉壺中，毫無雜念，象徵其人格的高尚。她在燕大畢業後赴美到維斯里學院專攻英國文學，留美期間抽空寫「寄小讀者」通信，逐漸嶄露頭角。回國後返回母校執教，也在清華大學兼課。一九二九年與在燕大教社會學的吳文藻共結連理，生下三個孩子，不幸，其夫婿于一九八五年去世，比她早走十四年。後來，長女吳青經常爲她打理生活起居。（因冰心在一九八〇年摔傷骨折，行動不便。）

抗戰期間，冰心遷居雲南，曾任西南聯大教授，抗戰勝利後曾任國民參政會參政員，民國卅五年吳文藻奉派出任中國駐日代表團文化組長，她和她的三個孩子連袂赴東京，在東京期間，曾于東京帝大等校擔任講師，講授中國新文學史，歷時五年，大陸淪陷後，于民國四十一年經香港返抵大陸。

自一九八〇年骨折以來，從不外出探望友人，但聞悉早年主編小說月報的葉聖陶於一九八八年二月九日逝世，破例去看他一次，因爲葉氏形同她的啓蒙師和恩人。

一九九二年冰心研究會成立，由巴金擔任會長，並聘請葉飛、陽翰笙、趙樸初、胡絜青（老舍遺霜）、韓素音（英籍作家）爲顧問，另聘舒乙、王蒙、吳泰昌等十人爲副會長，冰心研究會于當年十二月廿四日在冰心的家鄉福州舉行成立大會，巴金特致賀電說：「冰心大姊是五四新文學運動的最後一位元老，她寫作了將近一個世紀，把自己全部的愛奉獻給一代一代的青年，她以她的一生嘔心瀝血爲中國的文學事業做出了偉大的貢獻，她是中國知識界的良知，我敬重她的人品並以她爲榜樣。」

冰心則託她的女兒吳青帶去一封短簡，她說：「研究者像一位操著尖利的手術刀的生物學家，對于他手底待剖的生物，冷靜沈著地將健全的部分和殘廢的部分分割了出來，放在解剖桌上，對學生解析，讓他們好好學習，我將以待剖者的身分，靜待解剖的結果來改正自己。」——謙沖自牧之狀溢于言表。

冰心是巴金倡議成立中國現代文學館的熱情支持者，爲了文學館的館址、地皮，她親自給國務院的領導寫信，還積極捐獻自己珍藏多年的手稿九十五件，她曾說：「這館是我的好友巴金倡議下成立的，一九八五年我已將日本作家朋友送我的九十多本日文著作，捐給文學館，近十年來中外朋友的贈書越來越多，我的幾個書架放不下了，只好先打發一些，我還和舒乙他們說好，將來我書架上的書凡是有上下款的全都捐給他們。」

後來，冰心掛在客廳牆上的只有吳作人的熊貓和梁啓超替她寫的「世事滄桑心事定，胸中海岳夢中飛」一副對聯，以及她的祖父子修公自寫詩和陳寧化畫的玫瑰花，言明她死後全捐給文學館。——好一個胸懷恬逸的老人，與巴金之慨捐十五萬人民幣幾可等量齊觀。

最近，中國爲冰心興建冰心文學館，成爲福建省新落成的人文景觀，坐落于長樂市區愛心公園內，佔地十二畝，建築面積四四一四平方公尺，整個建築風格獨特，富有閩中特色，體現冰心的愛心精神。

其主要組成部分：冰心生平與創作成就展覽廳、珍貴手稿、版本與文物珍藏室，社會各界關心、支援、資助文學館建設資料陳列室，放映冰心生平與事跡的影片錄影，舉行學術講座會議的多功能廳，館內並設有研究中心，可接待數十位國內外研究學者，可以舉辦小型會議，冰心文學館是中國惟一的一個專門收集研究冰心文學的場所，成爲冰心研究中心，文學創作中心，對外文學交流中心，愛國主義教育基地和重要旅遊景點。

冰心生前最大遺憾是沒能來到台灣，一九八九年台灣有關方面邀請她和巴金到台訪問，冰心和巴金多次商議後決意接受邀請，待天氣暖和時才去，後因雙方身體等原因未能成行，冰心很惦念在台的老友（如蘇雪林、張秀亞），曾于一九八九年二月三日給台灣筆會的書信中寫道：「農曆新年快到了，這是我們中國幾千年來最熱鬧的傳統的大團圓節日，希望盈盈一水間脈脈不得語的日子不能再延長下去了，讓我們在海峽兩邊一同拿起手中的如椽大筆，寫出眞摯深刻的文藝作品，來提醒和引導海峽兩岸的同胞一同伸出熱情的雙手，愈伸愈長，愈伸愈近。」

三、冰心與巴金的友情成為文壇佳話

冰心與巴金既淡如水又甜如蜜的友誼頗爲耐人尋味，根據加拿大籍作家余思牧採訪雙方家人所得的結果，略知什麼機緣使冰心和巴金交成朋友，兩家人如何成爲通家之好，據悉巴金從小就愛讀冰心的作品，仰慕其人品、文品，抗戰時在重慶和冰心同在一個城市，有往來，眞正往來多是一九四九年以後，幾次一同出國如日本，特別是文革後更是互相惦念。冰心臥室櫃上就放了她的已故丈夫吳文藻教授和巴金的照片，冰心比巴金年長四歲，故而以姊弟相稱，李小林說乃母蕭珊冰心很喜歡，一九四八年以後，蕭珊在《收穫》雜誌任編輯，與冰心來往較多，也對冰心和巴金友誼的加深有所促進。

冰心對巴金的爲人爲文給予高度評價，最重要的原因冰心常說：「巴金是講眞話的」，冰心欣賞巴金的純眞，坦誠、大公無私，巴金也一樣欣賞冰心的坦率眞摯與堅強友善。兩位文學大師的純眞親密的友誼是文學史上的佳話。兩人互相了解連僻好都知道。一九八九年冰心九十大壽時，巴金深知冰心喜歡玫瑰花，特地叫女兒小林給冰心送一盆九十朵玫瑰組成的大花籃，冰心高興地說：「準是巴金叫你辦的，他了解我的心意。」

一九八六年作家出版社準備印行一本新時期「十年散文選」時，在選冰心散文作品時，巴金女兒李小林建議選那篇寫玫瑰花的專文。

一九九四年一月三日冰心在巴金的畫像旁題寫贈言：「人生得一知己足矣，此際當以同懷視之。」巴金則于一九九四年五月二十日給冰心題字曰：「冰心大姊的存在就是一種巨大的力量，她是一盞明燈，照亮我前面的道路，她比我更樂觀，燈光使我放心的大步向前，不會感到孤獨。」

冰心記得初次見巴金時，是靳以和巴金一起來看她的，靳以又說又笑，巴金一言不語，冰心見巴金的這種性格幾十年不變，內向、憂鬱，但心裡有團火，有時爆發出極大的熱情，敢講眞話。巴金不由得嘆道：「知我者冰心姊也。」

四、作品概覽

冰心是世紀同齡人，一生都伴隨著世紀風雲而變幻，自一九一九年寫出第一篇小說「兩個家庭」之後堅持寫作七十五年，在中國只有巴金差可比擬。

一九一九年九月，她在晨報上發表了第一篇小說〈兩個家庭〉，用對照的寫法表達，對封建家庭培養出來的女子持否定的態度，而肯定受資產階級教育成人的賢良女性，提出當時的家庭、教育乃至人生的普遍問題。

可能由於男朋友吳文藻學的是社會學，使冰心對社會百態極爲關心，早期除了撰寫兒童文學作品之外，擅長問題小說，刻劃年輕一代的痛苦及其所面臨的問題。

冰心創作多種冰心體的文學形式，是中國第一代兒童文學家，旅美期間所寫〈寄小讀者〉，寫入兒童的心坎，普受歡迎「斯人獨憔悴」是社會小說提出青年同志在家庭參加社會運動而造成父與子衝突的問題，而《春水》《繁星》則爲文體優美的詩集都使她聲名大噪。

由於專攻英國文學，間或也從事翻譯工作，信守林語堂所謂「信、達、雅」三原則，她的譯作有黎巴嫩凱羅紀伯倫的「先知」、「沙與沫」，印度泰戈爾的《吉檀迦利》、《園丁集》及戲劇集多種，都是公認的文學翻譯精品。

在燕大時期所寫小說以純眞的感性聞名，以兒童爲主角的有〈寂寞〉、〈離家的一年〉、《別後》，而以大人爲主角的有「西風」，大都發表于一九二二至二四年之間。

〈寂寞〉描述七歲男孩小小，考完期考回家去看堂妹，因爲小小的嬸嬸不久以前剛死了一個兒子，媽媽邀其來玩藉以解解悶去去煩憂，誰知第三天小小參加學校的成績展覽會，回到家堂妹與嬸嬸已經走了，使他感到莫名的悲傷。筆致簡潔瑩澈十分討喜。冰心在文中讓小小聽到媽媽的訓話：「嬸嬸看我替你買了一頂小草帽，看那樣式很好，也想買一頂給萱哥……忽然想起萱哥已死，不由得落下淚來，你看母親愛子之心是何等的深刻。」這是隨機教育比直接說教有力。

〈離家的一年〉寫一位十三歲的孩子，隨同姊姊離開父母到另一個城市去上學，起初姊弟倆無法忍受離鄉背井之苦，慢慢學會適應新環境，當第二學期結束回家時，他變得比較成熟些，有人說這是她少女生活的投射，因爲她曾由北京遷往煙台。

〈別後〉則是另一種排遣寂寞的處理方式，主角是寄居在舅公家的一個十三歲孤兒，早上他剛送姊姊搭火車後，覺得無比寂寞，便接受一個富有同學的邀請到他家去玩一個下午。覺得永明的家幽雅舒適人又多，使他十分羨慕，他最欣賞永明的二姊，覺得穿著紫衣的漂亮女孩，處處都與自己的姊姊不同，他一面幫著那些女孩剪綵紙，一面聽她們開朗活潑的閑談，很愉快的渡過一個下午，可惜吃過晚飯不久就得離去，當晚他在寫信給二姊時不自覺的寫下〈紫衣的姊姊〉，一直懷念她那雪白的臂兒，粲然的笑頰，澄深如水的雙眸之中，流泛著溫柔的愛……可惜，這紫衣姊姊不是他的，原是永明的啊。

此文之描寫雖然稍嫌女性化，但足以顯示冰心的寫實風格和她刻劃年輕人憂傷感情的能力，被譽爲早期短篇小說中頗爲傑出的一篇。

一九二六年回國之後，在燕京和清華大學任教，一面寫出〈分〉、〈冬兒姑娘〉等小說表明她對中國社會加深了認識。

他在小說和散文齊頭並進，結集有《小桔燈》、《櫻花讚》、《拾穗小箚》等，一般而言，她的詩和散文因缺乏現實的架構而傾向于傷感，一九二一年到一九二六年是她散文創作的高峰年，寫下往事三十篇寄小讀者近三十篇，山中雜記十篇及其他零星散文十餘篇，篇篇眞摯感人，驚動過萬千讀者，其影響力不遜於魯迅。她的一些短篇小說卻具有獨特的風格，不受所處那時代的迷信與狂熱所感染。

一九三六年發表的〈西風〉，雖仍無法突破寂寞的主題，但心理描寫的手法極爲高明。女主角在從天津往上海的船上碰到十年前在美國向她求過婚的男朋友，那時她全心向學，對前途充滿信心，因此拒絕了他的求婚。（這一段莫非是冰心的現身說法，我在一本書上看到她廿三歲在美所拍的照片，長得清秀可人，活像前中國小姐張淑娟。）

如今她已是一個失卻青春、充滿寂寞的職業婦女，在舊朋友面前感到極不自在，她在碼頭上看到友人與家人重聚的歡樂場面，倍覺淒涼落寞，突然一陣西風吹起一堆紙屑和枯萎的落葉，不由得念起李清照那「莫道不消魂，簾捲西風，人比黃花瘦」的詞句。由女主角面對各種情勢的考驗，顯示冰心的同情心確乎異于常人。

抗日期間冰心到過昆明、重慶，用「男士」筆名發表表現愛國熱忱的散文。

寫過一本《關于女人》，後來又寫成《關于男人》，充分剖析了男女兩性的心理特質。

一九五一年曾出版冰心小說散文選，《我們把春天吵醒了》、《櫻花讚》等小說散文集，一九五八年寫《再寄小讀者》，闊別三十餘年再出續集，顯示她永保赤子之心。

冰心在一九二〇年初創作生涯即已達于頂峰，一九二八年革命文學造成風氣後暫告沈寂，或因專心學業，後來忙於教學及哺育三個孩子，寫作成爲副業。

冰心是個早熟的女子，十一歲就讀完中國的古典小說，看到大海和星星，便覺得那是仁慈宇宙存在的明證。有一個學識淵博的舅舅常教她作詩，使她不斷有新詩作出現。

一九九五年因其譯作風評甚佳，受到黎巴嫩共和國總統授予國家級雪松勳章。

一九八八年《冰心傳》出版時，巴金曾以「思想不老的人才永遠年輕」爲題寫了序言：「冰心大姊比我年長四歲，可是她在前面跑了那麼一大段路，她是五四文學運動最後一位元老，我卻只是這運動的一個產兒，她寫了差不多整整一個世紀，到今天還不肯放下筆，儘管她幾次摔傷、骨折，儘管她遭逢不幸，失去老伴，她並不關心自己，始終舉目向前，爲我們國家和民族的前途繼續獻出自己的心血，雖然她有很長的寫作經歷，雖然健在的作家中她成名最早，但她卻喜歡接近年輕讀者，在他們中間不斷地汲取養料。充分顯示出冰心在中國文壇的地位之崇高。

冰心最可貴的是她的頭腦比許多年輕人的更清醒，她的思想更敏銳，對國家和人民她有更深的愛，大家勸她休息、盼她保重，祝願她健康長壽。然而在病榻前，在書房內，靠助步器幫忙，她接待客人，答覆來信，發表文章樂此不疲。她呼籲，她請求，她那些眞誠的語言，她那些充滿感情的文字，都是爲了多災多難的國家，她要求眞話、她追求眞話，將近一個世紀過去了，她還用自己做榜樣鼓勵大家講眞話寫眞話。──在爾詐我虞唯利是圖的現代社會冰心的肺腑之言不啻空谷足音，淑世靈丹。

五、結　語

冰心在一九九九年走完風光的一生，可能與其擔任中國作家協會名譽主席、中國民主促進會中央委員會名譽主席和中國人民政治協商會第九屆全委會委員攸關。

令人連想到與她同期的蘇雪林卻零丁孤苦地渡過一〇三年，兩相比較形成強烈的對比。蘇雪林數十年前自成大中文系教席退休後，只靠微薄的退休俸度日，但她不以爲苦，備受世人冷落，她也不會抱怨，相較之下冰心比較長袖善舞八面玲瓏。但眞爲老百姓做事，又有何妨。

有一次我在報上寫了一篇〈齊來關心老教授〉，事爲蘇氏所悉，竟責怪我不應多管閒事。

蘇雪林之爲世人遺忘，可能與她所學太過冷僻有關，試看楚辭對普羅大眾而言，有幾個能懂，再看她發表過一些怪論，比如認爲屈原的九歌與希臘神話攸關，很難令人接受。不過她所作的辭，兼具李商隱的無奈和李清照的婉約，在海峽兩岸幾乎無人能及，試看她的〈舊夢〉（調寄「賀新郎」）：「舊夢何堪說，想當年里昂寄旅，巴黎浪跡，杜宇聲聲春去也。爲道春光將歇，莫輕負芳菲時節。爭奈斷雲歸意嬾。戀白峰江上空青色。故國遠，鄉思絕。詩人一例關山客，任年年天涯海角。鳳飄鸞泊，猶記瑞京湖畔飲，醉態無端決裂。看素練懸空似夢。敲碎一湖明月影。到夜深，雙槳橫春碧，無限事，似煙滅。」——描寫當年留法的見聞何等感人，略帶東坡以詩爲詞的本領。

再看〈雨後〉（踏莎行）：「白積煙流，翠濃樹醉，碧天雨過留雲氣，東風猶自做春寒，繡幃半捲人貪睡，蜂墜殘香，蝶拖濕翅，海棠寂寞嫣紅淚。斜陽無語下蒼暝，黃昏慣釀愁滋味。」——白描手法之高超，在當代詞人中罕有其匹，在此呼籲文建會趕緊爲蘇雪林興建文學館或將其生前著作印行全集以便流傳後世，並示對五四時代最後一位元老中致無上的敬意。

當然，一邊教書一邊寫作的女作家，在台灣也不乏其人，比如張秀亞、趙淑敏。趙淑敏最爲驚人，在五十年間一共寫了廿一本小說和散文，成爲海峽兩岸都推崇的作家。不過，像冰心那樣在政界也沾上邊，擁有二三個榮譽職位的，在台灣絕無僅有。

旅美評論家夏志清說：一九二八年革命文學造成風氣後冰心已成過氣的作家，我不表苟同，那時她正全力致力於維斯里學院的課業，自然無暇寫作。又說：「冰心對西方文化的研究只徒然鼓勵了她說教的傾向，破壞了她的感性」，也稍嫌武斷，人的感性和理智是與生俱來的稟賦，怎可能受幾年西洋教育就破壞掉，再說受過英國文學的薰陶，感性應該更爲增強，試看奧斯汀的《理性與感性》誰能加以否定。夏氏又批評冰心：「她對泰戈爾和紀伯倫的喜愛，也只令她對大自然產生了一種神秘主義的態度，而這種神秘主義其實可說是骨牌。」此種論斷更令人難以接受，她熱愛星星與大海，由于深入閱讀泰戈爾的詩集，培養出「吾心即宇宙宇宙即吾心」的胸懷，怎可說是骨牌的呢？夏先生的批評未免太過刻薄了吧！

（九十七年四月十九日國語日報「書和人」第一一〇五期）

著名小說作家——老舍

創作《駱駝祥子》、《茶館》這些小說而揚名國際的中國現代長篇小說家老舍，他是一位爲開拓此種體裁作出貢獻，後來又以劇作聞名；作品數量衆多，成爲五十、六十年代最重要的作家之一。他除了本身的勤奮與善於同時以中國傳統和外國文學汲取營養，還有思想上、藝術上更爲深刻的原因。

他的性格使其缺乏魯迅（周樹人）的冷峻和鋒利，但更多一些溫和輕鬆，因此形成他獨特的幽默風格。他的作品，常常催人淚下而引人深思。

老舍的傳略

老舍，原名舒慶春，滿族・正紅旗人；一八九九年二月三日生於北京的一個貧寒家庭；一九六六年八月二十四日，因受極左傾的紅衛兵羞辱迫害，而投湖自盡，活到六十七歲。（他姓舒，就使用「舍予」爲筆名；朋友們叫他「老舍」，後來就改用「老舍」爲筆名。）

他的父親是守衛北京皇城的護軍，在抵抗八國聯軍入侵的巷戰中陣亡，靠著母親爲人幫傭而過活。

一九〇六年，老舍在他人資助下進入私塾讀書，三年後轉入新式學堂。一九一二年（民國元年）小學畢業後，到普通中學讀書，次年考入公費的北京師範學校，一九一八年以優異成績畢業，始任北京公立第十七小學教員。兩年後提升爲郊外北區勸學員，兼任私立小學教師及國語補習會經理。

一九二二年九月辭職，赴天津南開中學教國文，寫出處女作《小鈴兒》。通過小學生帶有稚氣的行動，表達反抗外國侵略者的民族意識。也在第一中學兼課，課餘就到私立燕京大學旁聽英文課。

一九二四年，赴英國倫敦大學東方學院擔任漢語講師；大量閱讀，生活體驗，走入更寬廣而多彩的世界。留英五年，回國後出任山東大學、齊魯大學教授。一九三一年七月與國畫家胡絜青小姐結婚。他除了創作小說和劇本之外，還出任中國文學藝術聯合會副主席。

抗日戰爭勝利後，他和小說家曹禺應美國國務院之邀，赴美講學，爲期三年半。中華人民共和國成立後，應周恩來總理之請，返抵北京。

三〇年代是他創作的第一高峰。五〇至六〇年代是他的第二高峰。可惜於文化大革命初期就不幸逝世，格外令人感到惋惜。

老舍之子舒乙，現年已七十二歲，曾留學蘇聯，著有《老舍的童年》，擔任北京現代文學館的館長，著有《我的風箏》等專著十三部。舒乙精於美術和書法，一九九九年三月曾在美國洛城舉辦個展，另獲蒙特利爾公園市和阿拉巴馬市榮譽市民稱號。老舍繼起有人，理應含笑九泉了。

老舍作品舉隅

A《趙子曰》（一九二六年）：這是一本嚴肅的喜劇小說。主角趙子曰，爲人率眞，也有愛國傾向，所以老舍用明顯的諷刺筆法，善意地去寫他。整個小說充滿老舍本人對於所有虧負老百姓的政客、軍人的極深的厭惡。

一開始趙子曰和他的大學朋友一起喝酒狂歡，這些人包括花花公子歐陽天風、娃娃臉莫大年、政客武端、三流詩人周少濂。他們計畫在學校發動一次學潮。主角趙子曰寫過兩本談麻將和京戲的書，小有名氣，但覺得當個大學生就要在學運活動和罷課中嶄露頭角。但是終因鬧學潮而被學校開除了。

他接著發狠追求官職，赴天津找周少濂；周被開除轉往神易大學，得不到助益，只好爲將軍之子作家庭教師，盼望東主能替他謀個官職。孰料事與遠違，重回北京。友人請他出策協助女權發展會。他舉辦義賣予以贊助；結果只結交幾個貪便宜的朋友，別無所得。

友人散光，歐陽天風對趙子曰說：好太太是作官的先決條件。勸他追求王小姐。歐陽是惡人，對王有左右之力。趙看穿了，只好選擇兩條路：一是低頭念書，爲民做事；一是擒殺壞人。他決定走後一條路，選定那已和外國政府聯絡而出賣天壇的武端作爲剷除的對象。豈知此時李景純竟爲謀殺貪官而被捕。武端則在友人被處死之時，幡然悔悟，變成愛國分子，選了求學之路。

B《離婚》（一九三三年）：老舍反對左傾作家把中國的腐敗從經濟和政治上加以分析。他認爲：中國的難堪處境是來自中國人民沒有骨氣，中國衰弱是因爲中國中上流階級的怯懦因循，失掉了行動的勇氣。

《離婚》裡諷刺的主要對象，並非機會主義和知識分子，而是奉公守法、兢兢業業的有家室的小人物和公務員。老李、張大哥和他們的同事，都對家庭煩惱和「等因奉此」的枯燥辦公生活無可奈何；因此《離婚》這書名象徵這些人不能做到的一種勇敢行爲。因他們滿足於婚姻，對奇糟不堪的現況卑躬屈膝。李、丘、吳三對夫婦都有充足理由解除婚姻關係，但是大家都怕冒險，都怕社會上反對，所以沒有一個人有膽量先提出來。

C《貓城記》（一九三二年）：以寓言形式，揭露舊中國的腐敗，針砭保守愚昧的民族習性及畏懼洋人的奴才心理，流露出對國事的悲觀，對革命的誤解。爭議性極高。

D《牛天賜傳》（一九三四年）：用幽默筆法探索小資產階級的小英雄如何養成，在此書中他懷疑一個普遍腐敗的社會中個人英雄主義究有何用。此書在林語堂主編的《宇宙風》雜誌連載。模仿英國作家亨利菲爾亭的小說《湯姆瓊斯》（Tom Jones），主角也是棄兒。他的養父母、保母、阿媽、小時友人四虎子和塾師，皆在菲爾亭的小兒見到喜劇性模型。結尾主角意志消沉時，否極泰來，老塾師意外抱著馬到成功的信念，動身赴北平，不像湯姆之浪遊倫敦。

這是一本有趣的小說，含著對人生清醒諷刺的觀點，但是調子太過鬆懈，幽默感太平淡，不免顯示作者對主題未著力的缺點。

E《駱駝祥子》（一九三七年）：寫北平人力車夫祥子的悲慘遭遇。是一本優異的現實主義小說。一九四五年被 Evan King 譯成英文，列爲美國暢銷書之一。全書主旨在揭發社會的不合理、不公平，根據帝國主義的侵略，是五四運動以後的新美學基調。

小說敘述一名年輕好強、充滿生命力的人力車夫祥子，希望以個人的奮鬥，來改變自己卑賤地位的故事。祥子全力以赴，幾經掙扎，得到的卻是失敗與打擊。隨著幻想的破滅，祥子對生活的信念與追求，也都喪失殆盡。老舍以嚴峻的現實主義手法，寫出祥子從自重自信到自甘墮落，也就是爲生活所破滅的過程。祥子個人的不幸命運，是個意義深廣的社會悲劇。小說實現了老舍對城市貧民的眞摯同情，以及深刻理解。

老舍在本書充分發揮小說創作的三C原則，即 conflict（衝突）、crisis（危機）、climax（高潮）。茲分述如次：

1.**衝突**：祥子爲了再買一輛人力車，硬搶老車夫的客人，但又恐引起反彈；虎妞難產而死，祥子很想娶鄰居小女孩（小福子）以求慰藉，但想到要養酒鬼父親和兩個兄弟又嚇跑了。警察藉口曹教授參加地下活動予以搜查，使他考慮新僱主爲社會主義者，是否會遭到池魚之殃大有可疑。

2.**危機**：祥子剛買了一輛車，就糊裡糊塗被捉進軍隊當勞力，車子也被沒收，簡直面臨山窮水盡危機。祥子的積蓄被貪贓枉法的偵探員沒收，使他無路可走，只好重回四爺處。心情壞透，索性去喝酒與不良車夫往來，竟然染上淋病，使他後悔無已。

3.高潮：劉四爺的醜女虎妞誘姦了祥子，使他感到無比羞恥。離開劉家赴曹教授家裡拉私人包車。祥子忍受不了劉四爺要求與虎妞結婚。小福子當妓女上吊自殺，祥子精神爲之崩潰，開始自暴自棄，偷東西出賣朋友，成爲邪惡的無業遊民，在北京替人家的婚禮或葬禮打旗子，賺點錢用。——不失爲感人至深、結構嚴謹的寫實主義小說。

F《四世同堂》（一九四四年）：長篇小說，分爲惶惑、偷生、飢荒三部，共計百萬言，寫北平被日本占領後，人民的苦難和抗爭。老舍熟悉故鄉，卻欠缺生活體驗，恰巧由北平來到重慶的太太提供大量素材，彌補了這一缺陷。

G《茶館》（一九五七年）：是最成功的劇作。以北京爲舞臺，利用一個大茶館，就是一個小社會；開了清末戊戌維新失敗後，民初北洋軍閥的時期，抗戰結束後，三個不同時代的生活場景。前後半世紀之久，上場人物多達六十多個，全劇沒有核心的故事線索；各幕之間，缺少前後呼應的情節連繫。但是一氣呵成，呈現了尖銳的衝突，以及平實的社會生活。結構緊密，通過舊中國的日趨衰微，窮途末路，揭穿尋求出路的眞理。

H《西望長安》（一九五六年）：根據震驚全國的李萬銘事件。李萬銘能到處招搖撞騙，暴露某些幹部的不義和不正之後，這本劇作對此做了揭露和嘲諷。

老舍一生寫了八百多萬字的作品，長篇小說有《四世同堂》、《趙子曰》、《駱駝祥子》

等十二部，中篇小說是《月牙兒》、《我這一輩子》，短篇小說《趕集》、《櫻海集》五本，劇本是《茶館》、《龍鬚溝》等。另有《老舍詩選》、《老舍文藝評論集》，堪稱全方位的作家。

老舍旅美始末

老舍於一九四六年三月二十日應美國國務院之邀請，與作家曹禺連袂赴美講學。到一九四九年十月十三日才返國，在美國共有三年半。

在他訪美前，郭沫若、茅盾就曾分別訪蘇聯。老舍訪美是由美國駐華大使館文化聯絡員威爾瑪與重慶美國新聞處的費正清促成的。搭乘將軍號輪船航行時間很久很久，才抵達美國。先後訪問了華府、紐約、芝加哥、科羅拉多、新墨西哥，還到過加拿大的維多利亞和魁北克。

他在華盛頓大學、史丹佛、哈佛、哥倫比亞大學講述中國現代小說和抗戰文學，在紐約蟄居兩年半寫了兩部長篇小說和一個話劇劇本。前者是《四世同堂》第三部，取名「饑荒」，共三十三章，三十二萬言。後者爲《鼓書藝人》，敘述抗戰風暴中舊式藝人追求新生活的故事。

老舍在上午全力創作，到了晚上就和甫愛德一起從事翻譯。曾寫成一部《唐人街》，不知何故卻不見下文。

老舍在美國時從事一件要事，即向美國人介紹中國現代文學，翻譯他的四部作品：《離婚》、《四世同堂》、《鼓書藝人》、《牛天賜傳》；再加上由英若誠翻譯的《茶館》，共有五部。

中國國務院總理周恩來敦請巴金、郭沫若、茅盾、周揚等二十位著名作家共同致函給老舍，盛情難卻之下，老舍始打道回府。

他搭乘威爾遜總統號輪船，離開舊金山，經檀香山、馬尼拉抵達香港。在香港大學侯寶璋教授家靜養了二十四天，才登上北上的小客輪，回到久別的故鄉北京市。

老舍的散文

老舍的散文《北京的春節》曾被選錄爲當代中國二十位散文名家專輯之內，臺灣只有張秀亞、李敖二人上榜。

老舍的散文經常出現機智俏皮的語言，將嬉笑怒罵融合一體的筆墨，使人發笑或哭笑不得；有時還會催人淚下，或是發人深思。後期叫人向昨天告辭，爲內在妙趣昇華的幽默。

讀他的散文，如飲瓊漿；試看《北京的春節》一文，他劈頭寫道：「一年之中，過了嚴冬，不久便是春節。人們不因寒冷而減少過年迎春的熱情。到了臘八，人家裡寺觀裡都熬臘八粥。此種粥用於祭神，乃是農業社會自傲的表現。此種粥用各種原料：米、乾果（杏仁、核桃、桃仁、花生米）。臘八還要包臘八蒜，把蒜瓣放到高醋裡，就是準備過年吃餃子用。到了年底，蒜泡如翡翠，而醋也有辣味。色味雙美，使人想多吃餃子。在北京過年，家家吃餃子。」

老舍幽默感十足

老舍素以文筆幽默輕快見稱，請看下列兩則軼事：

1.一九三〇年趙景深在上海主辦《青年界》雜誌，想刊登知名作家文稿；那時老舍剛從英國回來，趙景深就寫一封信給老舍，把一個圓圈圈起來，意指趙軍被圍，盼望老舍速發救兵。老舍立即回趙一封信，略謂：「馬褲先生：『元帥發來緊急令，內無糧草外無兵；小將提槍上了馬，青年界上走一程。』不知元帥帶來多少人馬，兩千新字還都是老弱殘兵。后帳付息，正是旌旗明日月，殺氣滿山頭。」妙趣橫生，反映老舍幽默的一面。八年抗戰勝利後，在上海的一次文藝聚會上，趙氏當著衆人的面前，讀了這封信，成爲文壇佳話。

2.老舍在山東大學教書，有一次演講說到：「文藝作品中的壞人印象，大都腦滿腸肥、一臉橫肉的大胖子。」說者無心，聽者有意。過了一週，一位西裝革履白白胖胖的紳士上臺說：「就我個人所知，中外文學作品中的壞人都是瘦子，脖子細得像猴子一樣。」老舍聽了之後，報以微微一笑。

老舍在美國檔案

時至今日，在美國哥倫比亞大學圖書館裡還保存有當年老舍的信件、照片及文物。

老舍在美期間，給住在祖國的朋友寫了許多中文信件；其中多封是給何容（字子祥，河北人，北京大學畢業，來臺後曾任教育部國語推行委員會主任委員、國語日報社董事長）、吳祖光的信。這些信中強烈表達了老舍想家、想孩子、想祖國的心情。說自己很不舒服，很孤單，像喪家之犬。但他還是盡力鼓勵國內的同好：「我敢說，我們的戲劇絕不弱於世界任何人，請轉告話劇界朋友，請他們繼續努力吧！」

（九十六年十一月十日　國語日報《書和人》第一〇九四期）

現代中國作家——茅盾

茅盾，是民國初期中華民國「文學研究會」的創始人之一，也是兼精小說、散文、白話詩、編劇、文學評論的全方位作家。他以《子夜》、《霜葉紅似二月花》等小說，蜚聲我國文壇。他擅長刻畫人物的心理狀態，置身時代生活的激流裡；在尖銳的矛盾衝突中進行細緻深入描述。掌握人物情緒的變化，顯示人物性格的特色。因情取景，借景寫情；情景交融，文無虛筆。

今年當選爲中央研究院院士的我國旅美文學評論家夏志清先生就曾經說過：「在中國現代小說中，能眞正反映出當代歷史、洞察社會實況的，茅盾應數第一人。」（引自夏志清著的《中國現代小說史》）

茅盾，姓沈，名雁冰，原名德鴻，字明甫，是浙江省桐鄉縣烏鎮人，清光緒二十二年（一八九六）出生，一九八一年（民國七十年）逝世，享壽八十六歲。他的小說處女作《幻滅》在《小說月報》發表時，接受主編葉聖陶先生建議，以「茅盾」爲筆名。後來就常用「茅盾」。雖然也用過：玄珠、方璧、郎損、丙生等筆名。

他八歲進入烏鎮的第一所新小學，十歲喪父，十四歲考上湖州的浙江省立第三中學二年級，十五歲挿入嘉興的浙江省立第二中學三年級。這時適逢辛亥革命，激起他的革命熱情，也因爲他和許多同學反對新來的宿舍管理員太嚴格專制，就發動學潮，而被學校勒令退學。次年，他轉學到杭州市安定中學讀四年級。他十七歲考上北京大學預科。三年後預科畢業，卻因爲家庭經濟困窘，無法繼續升學，就到上海商務印書館編譯所工作。

他在編譯所工作認眞，曾以五個半月時間譯妥英國詩人卡本特（Carpenter, 1844-1929）的《衣食住》，並予以出版。從此，他與文學生涯結下了不解之緣。民國八年（一九一九），他參與《小說月報》的編務，並同許多文學作家創辦「文學研究會」，使一向由「鴛鴦蝴蝶派」霸占的《小說月報》打開了一扇新窗。後來因爲受到商務印書館裡的封建勢力派排斥，他只好把《小說月報》的編務交由鄭振鐸（福建省長樂縣人，一八九七——一九六六）接替，他只留在編譯所工作。

他曾經在平民女子學校教英文，教出一位高足後來成爲知名女作家的丁玲。民國十二年，他到上海大學教「小說研究」和「希臘神話」這兩門課。民國十四年五月三十日，上海公共租界發生了日本人槍殺中國人的事件（史稱「五卅慘案」），引起上海全市罷工、罷市、罷課。茅盾在上海目睹此一社會運動，他聯合了文學研究會、少年中國學會等十一個團體，創辦了《公理日報》，爲我國同胞伸張正義，作爲民衆的喉舌。他就參與這報社的編務。民國十五年，他受到當時被北洋軍閥孫傳芳控制的上海當局所監視，他立即退出商務印書館，離開上海。

民國十六年（一九二七），他到湖北擔任中央軍官學校武漢分校的政治教官。這時他又常在《民國日報》發表政論評議文章，被南京政府列爲可疑分子，將要被通緝。他立即假裝赴日本，卻隱居上海。爲反映時局，他寫了中篇小說《動搖》及《追求》，在《小說月報》上刊登。

民國二十二年（一九三三），他擔任《文學》雜誌主編，特地開闢「書報述評專欄」。他寫的長篇小說《子夜》，就是在這雜誌上連載；並出版了《茅盾散文集》。此時，國民黨政府基於攘外安內政策，防止親日分子及左翼作家的宣傳，於民國二十三年就查禁了一百四十九種文藝書刊；茅盾所寫的作品《蝕》、《虹》、《野薔薇》、《子夜》就受到封殺，令他懊惱不已。

民國二十六年（一九三七）七月七日發生了盧溝橋事件，日本軍隊攻擊中國軍民。八月十三日，日本軍隊又攻擊上海。茅盾就投身於抗日愛國運動，參加抗戰刊物《吶喊》（後改名《烽火》）的編輯。這年十一月，上海被日本軍隊占領；他立即逃離上海，開始顛沛流離的生活。他先到廣州主編《文藝陣地》雜誌，並替香港《立報》主編《言林副刊》。後來他居住在香港以及大後方，寫了許多有關小資產階級的小說，被稱爲「抗戰期間首席小說家」。

不久之後，他繞道越南的海防港，經過雲南昆明，而前往新疆迪化（即烏魯木齊），在新疆學院任教。後來離開新疆，轉往陝西延安，在魯迅藝術學院講學。這時，他把愛女沈霞，送入延安中國女子大學讀書；把愛子沈霜，送入陝北公學校讀書。他自己也應周恩來先生之邀請，擔任文化工作會委員。這時的茅盾沈雁冰，已經和中國共產黨的高級幹部越走越近了。

民國三十年（一九四一），茅盾南下香港，主編《筆談》半月刊。這年十二月，日本海軍襲擊美國海軍根據地珍珠港，爆發了美國與日本的太平洋戰爭。不久，日本軍隊就占領了香港，茅盾只好輾轉逃到廣西桂林。他把逃離香港的始末，寫成了《劫後拾遺》一書，交由桂林學藝出版社出版。後來他再輾轉到四川重慶市定居，一直到民國三十四年八月，抗戰結束，日本無條件投降。

民國三十五年，國民政府從重慶遷回南京，茅盾與自由派分子沈鈞儒等三十九人，聯名向國民政府主席蔣中正，提出「我們要求政府切實保障言論自由」的建言，展現了文人們的意願。

抗戰結束以後，茅盾沒有什麼創作問世。他的新小說《鍛鍊》，只是在香港一家報紙副刊連載一段時間的作品。後來他出版一本短篇小說集《委屈》，也只是五篇在抗戰後期寫成的小說。

抗戰後期，他曾經在陝西延安魯迅藝術學院講學，因此就與中共領袖毛澤東先生建立了深厚的友誼。例如：有一天，他看到毛澤東抽香菸抽得很凶，他竟敢「太歲頭上動土」，要毛澤東「少抽點菸」。毛澤東湖南人吃辣淑脾氣，卻回答：「你越是要我少抽，我就抽得越凶。」但是事實上，毛澤東還是接受了茅盾的好意，逐漸少抽了。民國三十八年底，中國共產黨解放了中國大陸，成立了中央人民政府後不久，毛澤東主席就拔擢茅盾擔任中央文化部部長，一直到一九六四年卸任，改任全國政治協商會議副主席、全國作家協會主席。

茅盾擔任文化部長後，儼然成了望重一方的政治要員，就常常代表中共政府出國參加國際會議。例如一九五三年十一月到奧地利首都維也納，出席世界人民和平會議；一九五五年七月到芬蘭首都赫爾辛基，參加世界和平大會；一九五六年四月出席亞洲作家代表會議等等。他常在這類國際公開場合闡明中共的文藝路線。也許因爲這期間的工作太忙碌，他就無法撰寫發表什麼文藝創作了。

一九八一年三月二十七日，茅盾或是因爲整理舊作，過度勞累，就病逝在北京醫院，活到八十六歲；比起另一位作家巴金，茅盾就少活二十年。茅盾去世時，最傷心的也是巴金，他二人相交四十二年；茅盾任作家協會主席時，巴金就是第一副主席，二人形同「哼哈二將」。他二人的老伴，也比他二人先辭世十幾年。茅盾的老伴孔德沚女士，在文化大革命狂飆的一九七〇年，受到紅衛兵抄家後，憂愁患病而去世；比茅盾早走十一年。巴金的老伴蕭珊女士也比巴金早走十多年。

茅盾的長篇小說，主要在刻畫人物的性格與命運，用來反映時代的面貌。本篇現在列舉出他的主要作品，供大家一覽：

1.《虹》（一九二九年出版）：用女性觀點，剖析心理。女主角是個年輕的舊式女子，不肯向現實低頭。嫁給表哥柳遇春，令她失望，終於離開丈夫，往外尋覓理想。

2.《蝕——幻滅、動搖、追求——三部曲》（一九三〇）：以小資產階級知識青年生活經驗與心路歷程爲題材，揭示革命陣營中林林總總的矛盾及變化。《幻滅》描寫一位小資產階級女子的悲劇。她從小在母親羽翼下長大，把革命看成詩情畫意；到了她接觸現實後，精神世界就幻滅了。《動搖》是描述民國十六年湖北省一個小縣城的政治風波。主人翁（方羅蘭）是個軟弱妥協的知識分子，擔任縣主任委員及商民代表，在傳統、新潮之間徘徊動搖。《追求》寫青年男女在革命失敗後的盲目掙扎；女主角章秋柳在民國十六年國民黨進行清黨時，受到折磨的經過。

3.《腐蝕》（一九四一）：是暴露抗戰期間某一地方政府腐敗的小說。女主角趙惠明是國民黨派來的特務，年輕貌美，已歷盡滄桑，看透人生醜惡。有一次在套取囚禁中之犯人口供時，發現此犯人竟是她的初戀情人。此時良知始告覺醒，強調社會道德的層次，應當立即提升。

4.《霜葉紅似二月花》（一九四三年出版）：描寫民國十六年國民黨清黨以後，在一個社區中，一位大地主，和一位擁有輪船公司的大資本家，二人發生的衝突。其間穿插一些青年男女的愛情故事，以及設法阻止輪船公司斂財的行動，也教導一般農民保護自己的權益。

5.《子夜》（一九三三）：算是中國現代新文學的重要作品。書中的主角吳蓀甫，是中國三〇年代民族資本家的典型；他雄心勃勃，兼併八個小廠，創立信託公司，企圖掌控經濟市場。後來卻與那位在公債市場上呼風喚雨的資本家趙伯韜競爭。吳蓀甫竟失敗了，甚至想自殺。

6.《第一階段的故事》（一九三八年出版）：是脫胎於《子夜》的小說。人物中有民族工業家，有股票買賣投機商人，有感嘆國家命運的教授，有不合時宜的冬烘老人，有小資產階級的青年。事情發生在民國二十六年（一九三七）八月，日本軍隊攻打上海，我國軍民保衛大上海的戰役中。

茅盾的短篇小說很多，其特色大約有三點：一、早期的如《創造》等篇，大都描述知識分子的愛情糾葛；到了後來的《林家舖子》、《春蠶》，就著重於現實生活，舊社會破產的農村。二、早期的人物都生活在狹小的個人天地裡；到了後期就把人物放在廣闊的社會背景裡，及複雜的鬥爭中。三、早期對人物的心理性格，多以靜態描寫；後期則以在激流的社會裡掙扎的行動，凸顯其主題思想。

短篇小說略舉幾篇，以見其端倪。

1.《創造》（民國十七年發表）：以資產階級改良主義的觀點，要把守舊的妻子創造成資產階級的婦女。但是多年的努力卻白費了；所得的結果，卻是對原先理想的諷刺。

2.《路》（一九三二）：以民國十九年武漢學生運動爲背景，描寫大學生的覺醒過程，體認到「只有前進，才會有活路」的道理。

3.《三人行》（一九三一）：描寫三個青年走向俠義主義；後來目睹許多人卻因爲俠義主義而失掉自己生命；面對無情的現實，只好參加實際的鬥爭。

4.《大鼻子的故事》（一九三一）：寫幾個小癟三，年幼無知，做了壞事。但是後來長大了，懂事了，參加許多對國家對社會有益的工作，表現出他們正直可愛的一面。

5.《水藻行》（一九三二）：寫兩個不同性格的農民的家庭生活，從困難痛苦，到反抗鬥爭。

6.《自殺》（一九三二）：描述一個守舊自愛的女子，和男友的來往。婚前卻懷孕了。她羞愧得無地自容，終於自殺了。寫出社會現實之可怕。

7.《一個女性》（一九三二）：描述一個鄉鎮裡的小家碧玉，家庭原本十分富有，向她殷勤追求的男人不少。後來因爲父親經營失敗而破產，成爲貧戶；那些以前曾追求過她的男人，這時竟以白眼歧視她。她對男人逐漸發生厭惡，甚至憎恨。看出這個社會人情的冷暖。

8.《春蠶》（一九三二）：在一個養蠶季節，農民養了許多絲蠶。爲了養活絲蠶，農民四處奔跑尋找桑葉。絲蠶長大了，蠶繭絲已經豐收，就可以賣給絲廠了，就能掙得不少錢以供家用了。但是，人算不如天算，就在此時，發生了「一二八」事變，日本軍隊攻擊上海來了。農民住家附近的絲廠都關門了。農民的繭絲就賣不出去了。

茅盾的散文寫得很多，多半是描述世態炎涼、政治腐敗的現象。出版的散文集有十幾種之多。較流行的有《炮火的洗禮》、《話匣子》、《故鄉雜記》、《白楊禮讚》、《見聞雜記》、《印象·感想·回憶》、《茅盾隨筆》、《茅盾文集》、《劫後拾遺》、《生活之一頁》等書。

附註：河南人民出版社出版有《茅盾人格》一書，可供參考。

（九十五年九月三十日　國語日報　《書和人》第一〇六五期）

評陳慶輝《武則天的人生哲學》

武則天如何駕馭男人

由大陸學者陳慶輝所著之《武則天的人生哲學》（女權人生），爲中國人生叢書之一，頗富啓發性，値得一讀。

全書十一萬言，由揚智出版社發行，區分爲走向皇位、吐故納新、駕馭群臣三大篇，下分入主後宮、臥榻之側的隱患，大權在握、天意與民意、清除異己、破除門閥政治、招賢納士、納諫風度、忠臣治國、女皇的心願等十一章，採用隨筆式的寫法，不拘泥於曩昔對武則天的刻板印象，客觀平實寫來，褒貶功過悉由讀者判斷。

武則天何以能由才人、昭儀，一路躍居爲女皇，實爲耐人尋味之話題，從唐書的記載，便可窺其過人的政治手腕：

比如舊唐書卷二〇一駱賓王傳云：「徐敬業亂署賓王爲府罪，爲敬業傳檄天下，斥武后罪，后讀之，但嬉笑，至一坏之土未乾，六尺之孤何託，曰：誰爲之，或曰賓王，后矍然曰：宰相安得失此人。」足見武氏惜才。

另據舊唐書卷七十八張易之傳曰：「右補闕朱敬則諫曰：陛下外寵已有薛懷義，張易之、張昌宗固應足矣，近聞奉御柳模自言其子潔白而美鬚眉，右監門衛長史侯詳之，又言陽道壯偉，過於懷義，無禮無儀，溢於朝聽，臣職司諫諍不敢不奏，后曰：非卿直言朕不知此，因賜綵百段，足見武氏不憚聞過；而杜景儉傳云：則天嘗以季秋內出梨花一枝示宰相曰：此何祥也，皆曰：陛下德及草木，景儉獨曰：草木黃落忽生此花，瀆陰陽也，臣恐陛下布教施令有虧禮典，臣助天理物理而不和臣之罪也。」武氏之無取阿諛由此可見一斑。

武則天是中國歷史上惟一的女皇，她輔佐高宗約三十年，臨朝稱制達六年，當女皇十五年，共計與聞國事五十年，唐朝前期共有七個皇帝，除去前七年之戰亂，歷時一三〇年，其中五分之二爲武氏參政或當政之時期。史家將唐太宗、武則天、唐玄宗列爲唐朝前期的恢復、發展、鼎盛三大階段之代表。

聯合次要敵人，打擊首要敵人

她在十四歲入宮爲唐太宗才人，時隔十二年太宗去世，遵其遺命削髮爲尼，在感業寺度過五年的寂寥歲月，三十一歲再度入宮服侍高宗，受盡白眼與非議，她深諳弱則亡強則存之道理，首要目標是剷除蕭淑妃，因其容貌艷麗舉止高雅且生有一子——李素節。而王皇后無子，嫡系無傳，故蕭淑妃因而得寵。故而決意與王皇后結成同盟，對其卑躬屈膝，處處投其所好，王皇后感動之餘視如手足，建議高宗降旨封武氏爲昭儀，從此有了名分也有了自己的宮室。

公元六五四年，武氏生下女兒，王皇后前往探視、撫抱，王氏剛走，武氏得悉高宗要來，立刻發現此乃千載難逢之良機，伸手掐死女兒，然後把被子蓋上，若無其事去迎接高宗，高宗見狀憤曰：「皇后殺了我的女兒」，當即決定廢王皇后，便有改立武則天爲皇后的盤算。

王皇后深恐丟掉鳳冠，經其母柳氏慫恿，請來一名僧人，削製一個小木人，釘上鐵釘，囑其天天在佛前焚香叩拜，百日之後即可大順，恰巧高宗頭痛痼疾發作，武氏便歸咎於王皇后祈神弄鬼詛咒皇上早崩，高宗果然趕往王皇后之寢宮，撞見王皇后在焚香叩拜，腳下放著那個釘著鐵釘的小木人，便下定廢王立武的決心，連其舅父柳奭也由中書令自行請辭，先降爲吏部尚書，再貶爲遙遠的榮州刺史。

尋求盟友

她深知欲求戴上皇后的桂冠，必先組織自己的力量，建立自己的團隊始能與長孫無忌等權臣分庭抗禮，否則孤掌難鳴，難成大事。

第一步，武氏先陪高宗探訪長孫無忌，表明王皇后無子且嫉悍凶險不堪爲后，武昭儀賢慧明達當取而代之，長孫無忌故意裝聾作啞不表苟同，使武氏哭笑不得。

第二步，派乃母楊氏及禮部尚書許敬宗前往遊說，不但不予理睬，且受到斥責。

武氏不肯認輸，想出權宜之計，特設「宸妃」名號贈予武氏，列於貴妃、淑妃、德妃、賢妃之上，但又受到大臣韓瑗、來濟的極力諫阻，認爲古所未有不宜特置。

至此，武氏另行尋求足以與長孫無忌抗衡之人，她想到中書舍人李義府，他出身寒微原投靠劉洎門下，出任監察御史，但得罪了長孫無忌，奏請高宗將其調往他州，幸虧好友王德儉暗示他求助於武氏，才得保住原位，爲了回饋武氏，刻意替王德儉在值宿閣值班奏請高宗表明廢王皇后立武昭儀爲人心所向，大勢所趨，請皇上勿再遲疑。

爲壯大陣容又找來御史大夫崔義玄，因其對宮中訊息較爲靈通。

另外再找御史中丞袁公瑜來依附，從此不再孤立無援，有這些人作心腹，腰桿挺起來了。

善用天意與民意

武氏想名正言順地當皇帝，必先找到合法依據，在侄兒武承嗣的導演下，找來雍州人唐同泰，向武氏呈上一塊石頭，上刻「聖母臨人永昌帝業」，說是無意中於洛水中打撈的，武氏立即將此石命名爲寶圖，並以聖母自詡。「天授聖圖」成爲朝中熱門議題，漸漸體認女人也可穿龍袍戴皇冠。此外，她從周書武成篇找到依據，認爲武成與自己的姓氏相合，爲武氏稱帝之先兆。再請宗秦客將其照改爲「曌」，以示「日月當空恩被天下」，月爲陰日爲陽，陰陽調和主宰天下，造成輿論。

西元六九〇年九月，有位剛從八品官提拔上來的侍御史傅遊藝率領關中百姓九〇〇人匯聚東都向武太后上表，請其當皇帝，傳之帶頭請願，未獲武氏批准，但傅某被提拔爲給事中，於是遠近百姓僧尼道士六萬多人齊來表達，他們說：「天意如此，人誠如此，陛下何以辭之。」次日，君臣上朝，有人報告有鳳凰從明堂飛去，還有數百隻赤雀聚集於朝堂，此乃太后稱帝之吉兆，粉碎了以女主執政國家不祥的言詞，此時武氏行年六十七。

樹立威權

公元六八四年，徐敬業在揚州發動兵變，討伐武則天，大權在握的武太后與大臣商討興兵誅逆之事，幾乎衆口一詞，只有宰相裴炎反對，武氏便藉口裴炎與逆賊有瓜葛予以拘捕。她並未馬上處死裴炎，而要順蔓摸瓜，將所有逆黨一網打盡，不久，力挺裴炎的劉景先、胡元範一併收捕入獄。而將力證裴炎必反的李景諶和辦案有功的騫味道予以提升。即使威震邊關的名將程務挺，因被查獲其與徐敬業黨徒唐之奇、杜求仁關係良好也不放過。旋即急調三十萬大軍，在不到五十天內平定徐敬業之亂，武氏無畏的氣概使大臣俯伏在地，體認女強人之不可侵犯。

其後，太宗第八子李貞父子謀反，企圖恢復李氏天下，也爲武氏堅決鎮壓。濟州刺史薛顗、薛緒、薛紹三兄弟因與諸王通謀獲罪，老大老二被殺，老三因娶乃女太平公主免其一死。

設立檢舉制度

今日法務部查察賄選採用檢舉制度，實係沿襲武則天發明的法寶。

她在公元六八五年二月在朝堂上設立登聞鼓（伸冤鼓）和肺石（伸冤石），有人擊鼓後立即派御史接取狀紙，直接向她報告，她要探索究竟誰在背後議論她，散佈不滿言論，或者圖謀不軌，凡有告密者臣下不得過問，沿途要提供驛馬，供給五品之住食，保障其安全抵京都，密報情況如屬實，可以不按等次授予官職，於是告密者四方湧來，人們再也不敢胡作非爲。

因告密而獲重用的有索元禮（胡人）、來俊臣、周興，武氏多次給予賞賜，連大字不識的賣餅人侯思止也因告密而當上監察御史，他告發舒王李元石謀反，下令查案，元石供認不諱，武氏立刻廢其王號，貶徙和州，連乃子豫章王李亶也一併殺戮。

消除門閥制度

她認爲只有催毀門閥制度才能使人才源源不斷地湧現。也只有提高庶族地主官僚的地位，才能使出身寒微的賢才起頭實施文武全才，爲統治天下效命，任用此等沒有多少根基的庶族人才，也是鞏固皇權的最好對策，她修訂「氏族志」和破格任用庶族人才。

唐氏一些高門大姓如百足之蟲死而不僵，老牌士族如山東的崔、盧、李、鄭、王等望族仍具相當勢力，太宗朝曾將全國士族定爲九等，旨在壓制士族提高宗室勛臣之地位，武氏下令禮部郎中孔志約等人予以修訂，不再讓士族出身之人插手，並改「氏族志」爲「姓氏錄」，作爲門第高下的意義予以淡化，該書以皇后家族武氏爲第一等，其餘望族都以在唐朝任官品之高下爲標準，分爲九等，凡五品以上之官員列入士流。

就此徹底否定舊有門第觀念，籠絡庶族出身之新貴族：

延攬知名學者

現今扁政府多方延攬知名學者入閣或入府，早在武則天時代即已盛行此法。

武氏曾建議高宗召集文學之士到宮中修撰史傳，因借鑑前史可習治國之道，不多久即有元萬頃、劉禕之、范履冰等人選入禁中，每天給予指導性的宣示，特准學士們可以不經大臣入朝必須經過的南衙，可由城北門隨意出入，宮城北門原是皇室後門乃皇家要地，學士由北門出入，不啻爲一個破例。因此，被稱爲「北門學士」，武氏諄諄告以：「你們學文學要學會從政，否則只是書蠹愚腐無爲庸碌一生」，自此北門學士走出書齋，出現於廟堂之上，他們雖然品級不高，但仍可與三品以上之重臣同時入朝，與聞國事，成爲武則天的智囊團。

從善如流

先有恬逸胸懷，才能具有從善如流的美德。

河東人張嘉貞受御史張循憲推薦晉見武氏，武氏見他是外臣，垂著簾子與他說話，張毫不怯懦地說：「我只是一個小吏而能進入九重，這是千載難逢之事，但在咫尺之間如隔雲霧，不能見到日月，恐怕君臣之道還沒有盡到。」武氏聽了立即下令捲簾，跟他談得很投機，破格提拔他為監察御史。

某日，大臣李昭德對武氏密奏：「魏王武承嗣權太重了。」武氏不以為然地說：「承嗣是我的侄兒，所以我才委以心腹之任。」李曰：「侄兒同姑母的關係能勝過父子嗎？做兒子的還有篡奪父親的權位，殺死自己父親的呢！何況侄兒，如今武承嗣是陛下之侄兒，是親王又當宰相，權力幾同君王平分秋色，假如他有朝一日懷篡謀之心，陛下恐怕不得久安於天子之位了。」武氏聽後大驚失色，自揣：為何讀過這麼多經史，竟把宮廷鬥爭中最常出現的情形卻給忽略了，虧得李昭德的提醒，他說得好，朕還沒想到這一層，當即以武承嗣為特進，罷知政事，離開宰相這一樞要之位。

（九十一年二月二十二日　台灣立報）

三、旅港作家之部

評《璩美鳳懺情錄》

自從璩美鳳剪去一頭長髮接受中天「驚爆新聞眼」專訪後，就傳聞她可能出書表白自己的情慾掙扎歷程，果然以一個月功夫推出《璩美鳳懺情錄》，原先接洽皇冠和商周，都被拒絕，其後由英特發公司予以出版。璩美鳳對於宣傳效應的精準度之拿揑，確有過人之處。

首刷三萬册，每册二八〇元，以二成版稅計，璩姝藉此撈個一五〇萬應無問題。當然，發生那樣令人心碎的光碟事件，理應韜光養晦，避開三年五載再來現身；孰料甫屆一月，即再面對塵世，未免予人不甘寂寞之譏。

此書出書最可議的是無辜的男主角之另一半，必然受到二度傷害。書名《璩美鳳懺情錄》，我看應改爲「璩美鳳情史」較爲貼切，因其只有懊惱沒有悔意，說什麼「眞希望VCD中的女主角不是我。」難道她忘了「若要人不知，除非己莫爲」的古訓嗎？

全書九萬言，共分五章二十三節，包括生命中最重要的三個男人，過去的戀人們、子虛烏有的情人們，情與慾的掙扎重回偷拍現場。從某個角度來看，有如現代版金瓶梅，觸目盡是些災梨禍棗，當然也有若干警世意味。璩姝有其不得已的苦衷，可能海悅的房屋貸款一千五百萬（每月九萬）負擔沈重方出此下策也未可知。

全書採自述方式，全面公開她生命中的六個男人，以及從政後衍生的政商關係，書名雖曰懺情錄，但寫的是與男主角的偷情歡愉，先前璩妹之性愛光碟外流，這本自傳體的感情糾葛錄，彷彿成為另類的光碟版「本事」，變相成為文字解說。全書煽情有餘，懺悔不足，或許可以滿足讀者的好奇心，但她可能沒有想到她大刺刺的懺情，加上鉅細靡遺披露心路歷程，在商業行為的包裝下，只是再一次撕裂癒合邊緣的傷口，書中男主角無辜的另一半，又得再次面對周遭的訕笑和揶揄，璩妹不知作何感想。

她筆下的男主角，個個風度翩翩，高大、斯文、氣質不凡，可說基於連鎖反應而導致。性愛、權力、金錢，璩妹集萬千寵愛於一身，但原先以受迫害者姿態出現於媒體中，如今擺脫受迫害者的角色，她以一個公眾人物卻搞七拈三，生張熟魏，糾葛不清，尤其對價值觀之倒錯，不被世人咒罵才怪，無怪乎我女兒說：「拒買，拒買！」

不過細讀全書，可以感受到她的文筆十分犀利靈活，用字遣詞不落俗套，她善於運用文學創作中的三C原則，即危機（crisis）、衝突（conflict）、高潮（climax），故而戲劇張力十足，我想若干年後，可能有人動起拍成電影或電視劇的腦筋，屆時璩妹又可大撈一筆。

璩妹出版此書，雖未必裨益世道人心，但至少有其深層的作用：

㈠適度自我防衛：由於媒體天天以巨大篇幅含沙射影報導她以身體交換金錢，並暗諷她霸佔她人的丈夫，或為了戀棧權位而接近蔡仁堅，種種不堪入耳的言詞，使她按捺不住。而使她聲名狼籍的沈野是她一路走來最敬重的政大中文系學長，他幫她站過台，乃子沈崢的婚禮由她主持，其女沈嶸由國外念書回國時原本想當主播，還曾希望她引介到華衛，最後她選擇表演路線沒當主播，沈野的太太她也很熟，爲何將學妹當成賺錢牟利的工具，令她百思不得其解，可能璩與沈嶸曾經是情敵，爲要報其一箭之仇而出此下策也說不定。

㈡駁斥蔡、郭的說詞：蔡仁堅是她一生付出最多的男人，在民國八十六年，透過許歷農介紹，結識了時任民進黨國代黨團召集人的蔡氏，初見面印象並不深刻，時隔一年，由於她出任華衛總監及新聞台台長，在市長選舉開票時兼任導播，才再度與蔡有所接觸，她欣賞蔡的文學素養、人品、氣質，和節儉美德，由於她從小就是個鑰匙兒，所以要有個老公，想要有個依靠，就像所有女孩子一樣，她想要有甜美的婚姻，一個很疼她的老公，生兩個小孩，給他們最好的家庭教育，因此從她懂得愛情與異性親密交往開始，就以結婚爲目的。蔡仁堅的愛使她覺得被一隻溫暖的手緊緊握著，感到無比的紮實。猶之乎「可愛的家庭」（Home Sweet Home）作曲者自小並未享受到甜美家庭的樂趣，故而寫出此一世界名曲來彌補心靈的空虛一般。

但因得失心過重，怕他生氣、怕他拋棄她，爲了讓他二十四小時可以接觸他，長達半年關在蔡向友人租來的小屋，初識蔡時，她月入百萬元，而蔡只有區區七萬元，後來，兩度爲他墮胎，第一次是蔡帶她去他妹夫的診所墮胎，第二次已經分手，由乃母陪同她去，蔡卻不願意負擔責任，以他已結紮爲藉口，推得一乾二淨，令她痛心至極，但如此重大關鍵，涉及名節問題，爲何在庭訊或記者會上都不說清楚講明白，令人如墜入五里霧中。

在璩姝看來，郭玉玲覬覦蔡仁堅爲時已久，平常她直呼蔡爲「仁堅」，她對璩極爲嫉妒，民國八十九年二、三月間，璩剛與蔡分手，情緒陷於低潮，欠缺信心，透過副市長林正杰而認識了郭玉玲，去上阿梵達的心靈探索課程，由師生而演變爲好友，不料九十年八月，發現她的銀行存摺被郭盜領五十九萬元，令她心生提防。不過爲何報警後又撤銷，令人感到費解。據悉後來璩赴美參加浩然營訓練，二周之間即爲郭某安裝偷拍光碟的設備，可說至今有引狼入室之嘆。

當然璩姝忘了「世上沒有永久的友人和敵人」的古訓，爲何如此輕率地將銀行存摺和家中鑰匙交給友人，所謂「防人之心不可無，害人之心不可有」，受過中外名學府薰陶的璩姝竟然受制於一名高中畢業的女性，使人想起日本人的諺語：「學校優等生，社會劣等生」，確乎有其道理在。

一般而言，男女之間貴在包容，亦即容忍、信賴與退讓，乃是防止夫妻生活放蕩不羈的穩定力量。通常，男性如以公務生活的延長朋比爲樂、宴飲嬉戲無間，而坐使妻子株守空閨，不免使其妻獲得有力抗議的地位，自己則時刻處於涉嫌狀態，不僅動輒得咎，且在粧台之旁挺不起背脊。爲人妻者如欲干涉丈夫，切莫逾越軌程，而應止於善意的干涉，開明的專制，庶乎近於常理，而不致破壞夫妻生活的基礎。

細述璩姝情史

璩姝先後與六個男士交往，皆告分道揚鑣，推究原因在於互信不足，最引人注目的是光碟中的主角曾仲銘，因工作關係而結識，他身材高挑、面貌英俊，在她與蔡仁堅處於若即若離之狀時，他猶如她的救命恩人，她先被他的體貼感動，進而欣賞他，依賴他。但光碟事件後，備受社會輿論抨擊，且知其爲已婚身分，兩人皆成驚弓之鳥，不相往來。

而周志偉是青梅竹馬的老友，在波士頓的弗來契學院攻讀博士，曾任國民黨的海外青年代表，旅美八年，璩曾赴美與其相聚，但因時空的距離沖淡了感情。八月十二日，趁返台之便與璩有過肌膚之親，光碟事件發生在八月十四日，必然使其慨嘆璩之用情不專，可能對她已死心矣。

而她付出最多的男人——蔡仁堅，懷疑她與某餐廳經理有染，對她大罵三字經，而璩則疑心他與王、陳及竹師院的馮萱有著曖昧關係，心想：「蔡是否同時和別的女人交往」，互信如此欠缺怎能共結連理。

至於林信志，爲其在八十七年新黨初選時樁腳林里長之子，曾幫她的海悅房子裝潢（經費二七八萬元），只是她在心情苦悶時傾訴的對象，她表示，當蔡對她發脾氣時，林是她在大海中的一根浮木，如此而已，兩人並無曖昧關係，媒體報導太過誇大。

初戀情人邵立中，長得帥、高、瘦，是她仰慕的典型，抽空擔任自立晚報記者，邵與她一起採訪市議會，由相知相愛而偷嘗禁果，並曾訂婚，後來邵自覺北工專學歷不夠堂皇，決意赴加拿大深造，而她已考入台視當記者，也因互信不足而告吹。有時他打電話找她，她還在台視加班，如果身邊有一同加班的男同事，他心裡會不愉快，反之，她打電話給他，他可能在家休息或看電視，如果身邊有女人的聲音，她也會不高興，一則由於彼此的占有慾過強，一則由於時空距離造成壓力，也就難偕白首。

他在台視第四年參加女性社團——商媛會而結識了王正平，原先聽他講生命哲學，覺其內涵不錯，八十三年，她代表新黨參選北市議員時便向他請益，央其代勞選民服務。某日，他佯稱深夜赴板橋埔墘路的福口花店協調處理某事，她派助理周柏成前往，卻遍尋無著，產生猜疑，也就不歡而散。另一原因在於王常利用她的人脈做生意，使其覺得動機不純，她曾買了他公司六十個靈骨塔共三百萬元，算是對其仁至義盡了。

企業界名人，影星宋岡陵的前夫蔡昭倫與她有緣無份，此人極爲君子，曾送她貂皮大衣，後來蔡仁堅出現，他的文質彬彬吸引她，而將目標轉移；至於羅文嘉，則只是報派情人，不足掛齒。

本書由於成書倉卒，出現不少錯別字，如高潮迭起誤植爲「高潮疊起」；「恆久傷痛」誤植爲「亘久傷痛」。

璩姝的挫敗在於價值觀的倒錯，遇到心儀之人，如蔡仁堅，儘管對她罵粗話，動拳頭，她也甘之如飴。另一方面，她發現蔡有王、陳、馮等密友，她也有周、王、邵等男友，似有分庭抗禮之意味，殊不知中國男人要求配偶以執一而終爲念。

其次，她的性愛觀太過輕率，試看四月間才認識曾仲銘，八月十四日就跟他上床，未免太過作賤自己了。

此外，她的判斷力也大有問題，她第一眼被曾仲銘陽光男孩的眼神所吸引，到深夜的殷勤通話，足跡遍歷大台北的青山深嶺，在頓然知悉曾太太的存在時，內心充滿痛苦與掙扎，其實從他的身分證或在平常交談中就可探出口風，何至於一無所知呢？不過她倒由此次事件得到警惕，今後如果要和一個人發展感情，她一定會把他了解透澈，而且任何結過婚的男人都列爲感情的拒絕往來戶，永遠保持距離。此乃基本常識，也是基本道德，研究所出身的她，竟犯此大忌，可謂咎由自取，徒喚奈何。

最後以七絕一首作結：

是非自有公評時，
擾攘紛爭不足奇；
黑手躲藏於幕後，
石出水落亦堪期。

（九十一年二月七日　台灣立報）

四、旅美加作家之部

評《陳潔如回憶錄》

當代棄婦的哀吟

兩度捧讀《陳潔如回憶錄》，爲其慘痛遭遇一掬同情之淚。不禁使人聯想起「浮雲蔽白日，遊子不顧返」；「君亮執高節，賤妾亦何爲」；「彼蒼者何辜，乃遭此厄禍」等古詩，爲之掩卷太息不已。

陳潔如如係於一九二一年十二月十五日下嫁老蔣，而於一九二七年八月十九日被逼放逐美國，在美五年，先畢業於哥倫比亞大學，再入賓州大學肄業，一九三二年回滬，六十一年赴港，七十一年病逝，享年六十有五。領養一女陳瑤光，育有一子陳忠人。

全書由陳潔如口述，李蔭生執筆，湮滅多年，直到幾年前始由一位台灣年輕史學家在史丹佛大學胡佛研究所張歆海檔案中發現打字稿，而由新新聞委請汪凌石先生譯成中文。《陳潔如回憶錄》根據的是她的日記，老蔣當年曾鼓勵她寫日記，後來竟能輯印成書，揭露其醜陋面目，頗有作法自斃之嘆。原先陳立夫勸她不要出版，以免對老蔣及國民黨造成傷害，而她認爲自傳可作爲一份實錄，顯示她與老蔣有過一段婚姻生活，以及像老蔣這樣一個平凡之人，如何憑著毅力和機運而躍爲全國領袖。

推究起來，陳潔如之步上棄婦之路，除了歸咎於命運的作弄之外，尚有三大因素：一、誤中老蔣的圈套；二、不明宋家姊妹的陰謀；三、涉世未深思想太過天眞。茲分述如後：

誤中老蔣圈套

當初，她對老蔣的第一印象並不好，覺其獰笑起來滿嘴長牙，煞是難看。臨走時故意將上海西藏路三十三號之地址說成八十八號，以防老蔣糾纏，但老蔣使出渾身解數，使其逐步就範。

1.**苦肉計**：老蔣對她求婚時，她很想答應又說不出口，他竟從口袋掏出一把彈簧刀，亮出閃閃的刀刃說：「如你不相信我眞心愛你，讓我用另一種方式證明給你看，只要妳願意，我就用這把刀切下我的一根手指讓妳知道我是認眞的，怎麼辦？妳說！」從未有人對她如此表白，滿足了她的虛榮心，逐漸把心交給了他。

初次約會，老蔣就將她帶往旅館，她使勁掙脫，氣憤難當，老蔣說：「中國革命尚未成功，我這革命者已灰心喪志，不能全力報國了。我整天渴望妳的安慰和鼓勵，現在我拜倒在妳裙下，求妳快說妳會原諒我，再和我說話吧！」

陳潔如終於消了氣、回了信：「來信收到，你總有一日會被寬恕的。」

2.**激將法**：老蔣吃了閉門羹後，對她說：「我是個革命軍人，行事一向乾脆，我認爲妳的羞怯是假謙虛，像妳這樣可愛的女孩子，不應這麼舊式，我要求你直截了當回答我的問題：「你怕我嗎？」陳潔如答以：「當然我不怕，我什麼人也不怕」，為保自尊，儘量扭轉局面，心想：「既然他愛聊天，又想和我做朋友，就決定充當好聽衆，開始接受他的友誼。」（見第三十八頁）

3.人情攻勢：先由她的友人張靜江之妻——朱逸民進行關說：「蔣介石太愛妳，一直纏著張先生請他作媒，如妳同意，他會正式找媒人向妳母親提親，如妳不同意，他大概會心碎而死。」（見第五十四頁）

第一次失敗，第二次又鼓其如簧之舌，故技重施：「張先生認為蔣介石前程遠大，又是國民黨的新秀，能有這樣一個人拜倒裙下也不容易，妳要是拒絕這件事，等於是讓張先生失面子。」（見五十五頁）

陳潔如不動心，老蔣便請張靜江出面：「他的元配毛福梅已皈依佛門，不問世事，係由王太夫人作主，大他五歲，婚前從未見面，無愛情可言，一妾姚怡誠收受五千大洋，結束與蔣的關係。目前無業，但不久就要到陳炯明的部隊去供職。」又對乃母遊說：「只有令嬡與他成婚，他的心緒才會安定，甚至壞脾氣也會慢慢改好，能幫他為國做大事。」

後來連乃母也被說動勸她嫁他：「他是個勇敢的志士，又這麼喜歡妳，如妳嫁他，兩個人都會很幸福的。」

陳潔如終於放棄抵抗，任由母親安排。

4.灌迷湯：在回復交往後，老蔣對她說：「妳知我非常非常愛妳，我希望妳做我的愛妻，分享我對未來的志向和美夢，你能不能答應嫁給我，除非妳答應我，否則我一無所有。」——既堂皇又動聽。

「我有三大目標：一是娶妳爲妻，二是贏得孫中山的信任，做他的繼承人；三是成爲最偉大的軍事領袖。」他充滿信心地說。

首次約會她不悅，正要掉頭走，他擋住去路帶著歉咎地說：「我能不能和妳說幾句話，我知道盯著妳是不對的，但妳要曉得我也沒有辦法，我實在衝動得不能自制。」彷彿在掏心掏肺一般。

不明宋家姊妹之詭計

宋靄齡建議蔣介石任用孔祥熙爲行政院長、宋子文任財政部長，就可娶到宋美齡，也就可取得上海各大銀行提供財力的支持，爲其購買軍火，宋子文即刻退出漢口，投向南京政府。

宋靄齡刻意安排老蔣與宋美齡比鄰而坐，把宋美齡捧上了天，說無人能比得上她的聰慧。而後頻頻探問潔如：「你倆的婚姻生活如何？妳曾和丈夫吵架嗎？介石的壞脾氣是出名的，他從來不罵妳嗎？」她答以「沒有」，「那妳一定是忍耐的化身，才會不曾和他吵過架。」宋靄齡帶著一絲狡笑。

宋美齡也問：「據孫先生說，介石稍不稱心就暴跳如雷，是眞的嗎？當然我並不相信，但一個壞脾氣的男人，總比一個沒有脾氣的男人好，妳覺得對嗎？」口氣是那麼咄咄逼人，令她感到很不好受。

潔如點頭同意，她又問：「告訴我們他的太太毛夫人反對妳嗎？她對妳很壞嗎？」意在探取她的口風。「他的二太太姚夫人呢？妳曾經見過她嗎？聽說她住蘇州，接受5千大洋放棄介石。」

不久老蔣在北伐軍攻下武漢時收過宋美齡的賀電，尊稱他爲英雄，令其喜不自勝。後又收到宋美齡的卡片，感謝老蔣在軍旅倥傯中電邀其姊妹至武漢一睹國民黨新成就的盛意。顯示兩人互動頻頻。

不久，老蔣便要求潔如退讓五年，讓他與宋美齡結婚，繼續北伐脫離漢口而獨立，這是政治婚姻（見二一三頁）。

不料，她於一九二七年八月十九日抵達舊金山時，老蔣在申報發表聲明「毛氏髮妻，已告仳離，姚陳二妾從無契約」，形同賴帳，潔如氣得本想跳哈德遜河自盡，幸爲一美國老翁阻止才揀回一條命。

涉世未深　思想單純

原先她對老蔣極力排斥時，好友朱逸民告以：「男人沒有好壞只有強弱」，後來再聽到張靜江和母親都在誇讚他，只有父親反對她與他來往，便覺父親太過古板。

當廖仲愷夫人何香凝批評宋藹齡：那女人是出名的無恥，她能抓到手的就敢當著你的面抓，她和丈夫狼狽爲奸，陳潔如嫌她多疑和杞人憂天。「我認識她已四年，原先她不把介石看在眼裡，現在他是廣州最重要的人物，是一條值得她釣的大魚，她有個未婚妹妹，這是危險之所在。」何香凝說道。

陳潔如自揣：「介石已與我結婚，她一定不會拆散人家的夫妻，而且她是一個基督徒。」分明是以君子之心度小人之腹。

而面對老蔣與宋美齡之頻送秋波又未加察覺，她以爲老蔣發過重誓，又曾以剪斷手指頭示愛，怎可能變心。再說她在中山艦事變前夕及時阻止他赴汪精衛的鴻門宴，始免於被綁往蘇聯當人質，否則那有後來的榮華富貴。此外，五年來充任他的秘書助理，協調父子三人之間的關係，還會將她棄如敝屣嗎？就因潔如太過一廂情願，想得太過天眞，才會遭到鵲巢鳩占的厄運，值得現代女子在擇偶時作殷鑑。

（九十年四月五日　台灣立報）

評《女哲學家與她的情人》

半世紀婚外情　稱許多於苛責

拜讀由麻省理工學院人文學教授伊絲貝塔愛婷爵所著，由旅美作家蘇友貞所譯之《女哲學家與她的情人》一書，全書描述女哲人鄂蘭與其恩師海德格，長達五十年的戀情，堪稱曠古絕今，記得某年在美國一家汽車旅館看到一則廣告：「Once a guest always a friend!」如今可改爲「Once a student（或 teacher）always a friend!」

海、鄂之戀　越陳越香

一般人向來對婚外情皆作負面評價，而海、鄂之戀，卻予人歷久彌新、越陳越香之感。最可貴的是一個羅敷有夫，一個是使君有婦，而海德格能說服太太愛菲德接納鄂蘭；而鄂蘭能說服丈夫布魯歇爾接納海德格，兩對夫妻之融洽，正粉碎了莎士比亞所云：「男女之間沒有純粹友誼」的說法。

海、鄂羅曼史無獨有偶的是，在二十世紀初葉，萊茵河畔的德國和塞納河畔的法國，各出一對哲學戀人，前者爲漢娜鄂蘭與馬丁海德格，後者爲沙特與西門波娃，兩對戀人有頗多相似之處，沙特生於一九〇五年死於一九八〇年，享年七十五歲；西門生於一九〇八死於一九八六，享年七十八歲；海德格生於一九〇〇死於一九七六，享年八十六歲；鄂蘭生於一九〇六，死於一九七五，享年六十九歲，沙西同爲哲學家兼小說家，且曾擔任教職，海、鄂皆爲哲學家，不涉文學創作，兩人皆長期在大學任教。

兩對戀人共同特色爲著作等身，且皆情牽數十年，沙西爲終身伴侶但未結婚，而海、鄂各有配偶，由激情化爲友情，綿延半世紀。鄂蘭由於童年坎坷，使其亟需愛的呵護與引導，她七歲即失去祖父，父親則死於梅毒，母親經常需要遠行，到有溫泉處治病或是探望親友，十三歲那年乃母改嫁，對她有如晴天霹靂，她不僅必須將母親分讓給一個陌生男人，且須與兩個她並不喜愛的異父姊妹分享她的母親（見三十六頁），世界對她充滿困惑，而她的猶太裔血統，也帶來多年的迷惘。

海、鄂之戀始於一九二四年，當時芳齡十八的鄂蘭，在馬爾堡大學選修海德格的哲學課，從此展開長達半世紀的情緣，兩人的關係可分爲三期，即萌芽期、蛻變期和重建期，茲分述如下：

觸碰師生戀愛的苦

萌芽期（由一九二五年至一九三〇）：初識時，鄂蘭是馬爾堡大學的新鮮人，海德格三十五歲，已婚並育有兩個年幼的兒子，他完成「存在與時間」一書，奠定他在二〇世紀哲學史上的地位，海德格爲天主教農民家庭出身，是個嚴肅且賣力工作的人，上了幾堂課，就愛上小他十七歲的學生，深明事理的鄂蘭適時提醒他不必爲墜入熱烈的愛情而有罪惡感，她對他專斷的肉體要求，總是百依百順，難免有幾分勾引的意味，而鄂蘭則視同恩寵。鄂蘭深知此段戀情必將引向悲劇，因爲在當時保守的德國，師生戀是個禁忌，且海德格已有妻室，兩人既有偷情的刺激，又有惶惶不安的焦慮，後來海德格協助鄂蘭轉往海德堡大學師事其友人雅斯培，鄂蘭本想藉此忘掉海德格，卻造成情緒的低潮，終日鬱鬱寡歡，後來讀到百年前的猶太女子與她同樣癡情的范哈根自傳，才使她變得樂觀進取且超然自在。

希特勒作梗兩人漸行漸遠

蛻變期（自一九三三年至一九五〇年）：海德格在一九三三年加入納粹黨，此時國家社會主義的興起與第二次世界大戰的爆發，徹底地改變了他倆的生活，八月間海德格出任弗萊堡大學校長，鄂蘭得悉海德格向希特勒公開效忠，形同對西方文明的背叛，立即離開德國，此時鄂蘭已完成有關奧古斯丁的博士論文，且著手收集有關范哈根的傳記資料，探討德國猶太人所受屈辱，以及德猶歷史和她在歷史中的地位。

海德格晚景淒涼無人理睬

她意會到海德格之妻愛菲德與他政治理念相同，同爲激烈的納粹黨員。一九三六年，鄂蘭結束與首任丈夫史特恩爲期八年的婚姻，改嫁布魯歇爾，布本爲德國共產黨員，也離德而流亡在外，後來成爲她的靈魂伴侶與避風港。海德格在弗大校長任滿一年，一九五〇年與鄂蘭再度相逢，他對她的需求已變了質。在戰後的德國，海德格的處境十分潦倒，他曾一度被解除教職，被禁止演講、發表作品和出國訪問。

他只靠一點可憐的津貼度日，他爲自己洗刷罪責，卻無人相信他，頗有駱賓王「露重飛難進，風多響易沈；無人信高潔，誰爲表余心」的感慨。

舊情復燃　性字擺一邊

以前認識的許多學者都不再同他來往，足見他的晚景淒涼（見二十二頁）。一九五〇年，鄂蘭赴德訪問，中斷多年的舊情爲之復燃，但性的吸引力已不重要，變得可有可無。當海德格的老友雅斯培一再指責海德格逆附納粹時，鄂蘭極力爲他脫罪，他歸之於乃妻愛菲德的拖累，的確，愛菲德對海德格之所作所爲，的確有推波助瀾的作用。她全力爲海德格作品之出版（英文本）而奔走，接洽出版商，擬訂合同，選擇譯者，使海德格的哲學思想在英語世界廣泛傳播，以致風靡一時。

另一半包容　造就世紀之戀

自一九五〇年至一九七五年，鄂蘭主動恢復與海德格的舊有關係，也可說重建新關係，一直延續到鄂蘭辭世爲止。鄂蘭於一九二九年九月與史特恩結婚，兩人背景相同，皆爲海德格哲學思想的忠實信徒。

妻子逼供　海德格從實招來

一九五〇年二月七日，鄂蘭赴弗萊堡，下榻於旅館，海德格邀她到他家一敘，乃妻已略知二人往日的戀情，仍對其盛意接待，鄂蘭告以當年之所以離開馬爾堡，全是爲了他，得悉海德格與乃妻有過一番爭執，在她逼問下吐露實情之後，過去二十五年就沒讓他有過好日子，他從未否認鄂蘭曾是他生命中的激情。在清明與開放的氣氛下，三人之間建立了一種信任。當然，鄂蘭對愛菲德之坦白和開門見山，頗令她驚訝。

海德格告以亟需一位親善大使，鄂蘭是最適當人選。她告以當年離開馬爾堡，曾下定決心不再愛另一個男人，她雖與史特恩結婚，愛的仍是海德格。此次會面譜下新章，由於他倆精神上的默契，使海德格需要她甚於任何人，不過他必須同時安撫愛菲德與鄂蘭二人。

海德格的麻煩日增，退休金問題、媳婦的多病、政府官員的惡劣態度、對蘇聯地下人員的恐懼。鄂蘭想與海德格獨處卻難以如願。布魯歇爾同情其困境，曉諭她設法幫他回復元氣，盡其所能留在那兒，需要多久就留多久。

挽救情人　鄂蘭四處奔走

由於輿論界的指謫，在德國學術界，海德格成爲骯髒字眼的象徵，使她極度不安。後來開始爲挽救海德格之名聲而四處奔走，一九五二年八月二十三日求助於奧斯特瑞雪神父。其次，對於海德格當年曾有出賣老師胡塞的指責，她代他辯解爲來自外來的政治壓力。

一九五九年海德格七十歲生日，鄂蘭與夫婿寄上兩人的祝賀卡。翌年，她寫給他：「我最信愛之友人，對你，我依然忠貞，亦不忠貞，盡付愛意裡。」引起他的勃然大怒。其實，海德格也有另一女友布拉赫曼，擁有一半猶太血統，卻認同德國，一九三三年在哈勒教育學院任教時求過他的幫忙，她是一個不會與他對抗和爭論的聽衆。

賤價賣掉「時間與存在」

一九六九年海德格健康每下愈況，準備賣掉大房子改買小房子，準備出售「時間與存在」手稿，鄂蘭覺其價值不菲，她先後找過席勒文史資料館、法國國家圖書館、美國哈佛、耶魯、德州大學，才賣得八至十萬馬克，另購一間小屋，讓海德格夫婦欣然搬入，算是了卻一樁心事。

一九七四年，又爲海德格出版一本散文集「反思」，鄂蘭深諳中國人所謂「有事弟子服其勞」的古訓，而如此細心體貼，仁至義盡，求諸當世能有幾人？

布魯歇爾友持愛妻鄂蘭

海德格與鄂蘭之間的情緣得以延續半世紀，兩造雙方配偶之寬容與體諒，厥爲最大關鍵。一九五〇年以後，鄂蘭成爲海德格在美的義務代理人，接洽出版商爲其出書，丈夫布魯歇爾明達而大度，將其努力視爲對哲學的奉獻而非糾纏舊情，他鼓勵妻子爲哲學而站在海德格那一邊。鄂蘭正從事重建猶太文化和批叛極權主義，爲一前納粹分子在學術上奔走，已然超越政治之立場。沒有布魯歇爾的關愛，鄂蘭不可能延續她與海德格的感情，她對海德格的感情是超越情欲與理性的界定，而布魯歇爾不啻她的另一個自我。（見一一九頁）

當然，海德格說服太太愛菲德接納鄂蘭，也煞費周章，他需要妻子之愛，也需要情人之愛，也需要兩個女人互愛、由愛生愛，而他在相安無事中得兼魚與熊掌。

讀後感言

讀完這段綿延數十年感情，思及幾個引人爭議的問題，已婚婦女可否擁有青衫至交？而已婚男人可否擁有紅粉知己？鄂蘭除擁有丈夫布魯歇爾外，又有海德格這位知己，他的友情與感情對她很重要，她雖已不再和他上床，但彼此卻仍充滿吸引力，由於這股吸引力，使她緊緊跟隨著他，並相較海德格活得有趣味和活力，爲何鄂蘭與海德格偷情時，顯得如此勇敢？是因她情荳初開又無家累，可以肆無忌憚嗎？海德格確是爲即將升任正教授，又使君有婦，深怕傳出緋聞丟掉飯碗，而終致多所顧忌、畏畏縮縮？是性格使然，抑或兩者對生命、愛的企求不同所致？

人生在世不過數十寒暑，女人要想找到一個知心者，確非易事。布魯歇爾有著寬宏的度量，成全鄂蘭，使她生出信心，對家不會隨意放棄，當然，每個行動都有後遺症，必須做好心理準備，如果先生無度量，發現你倆的曖昧關係必然勃然大怒，離婚是一個可能。有權追求自己的靈魂知己，有個心中情人，不失爲人生一大享受，但先決條件必須取得老公的諒解。

海德格想在愛菲德與鄂蘭之間兼而得之，是否爲非分之想？今日台灣享齊人之福者不乏其人，如演員寇世勳，如前行政院長張俊雄，婚外情不是男人的專利，鄂蘭在婚前與海德格有過曖昧關係，不是每個男人都能成熟地接受實話，有些男人情緒不平衡，不但不能了解和接受妻子對愛情、婚姻的看法，反而因妻子和盤托出婚外情往事而心起殺機。（影片「黛絲姑娘」即其一例。）成熟的丈夫把妻子的婚外情，當成二人即將發生問題的警訊，而趕快找出對策，了解人性的弱點，只要兩人合力同心，極力經營，所以他能包容並馬上尋求維護婚婚的持久。

（九十六年三月寫于台北）

享譽海峽兩岸的作家——趙淑敏

一、引　言

細數海峽兩岸的作家中，趙淑敏是最獨特的一位，她一手寫小說散文，一手寫學術論文，樣樣都出色當行，前者得過國家文藝獎，後者四十出頭即獲正教授頭銜，令人既景仰又羨慕。先後在實踐、東吳、輔仁任教廿七年，對三校師生懷有一份深厚的感情。

她從事創作五十年寫出二十一本書，平均每隔二年餘即出一本，業餘作家有此成就，我看英國的珍奧斯汀都自嘆不如。

二、趙淑敏的筆名

一般而言，作家取筆名都有其緣由或含意，如冰心取自王昌齡詩中的「一片冰心在玉壺」，趙淑敏在大學時代先用禾珠後覺庸俗改為禾姝，後因有人借其作品謀職，便將其放棄不用。婚後改用「魯艾」寫專欄，意指魯家最愛之人，後因生活變化不復用魯艾作面具，改用述美為筆名。

三、師　承

她在寫作方面的啓蒙師有二位：一爲中女高一的國文老師馬瑞珉，他在中年即魂歸天國，後來她所獲成就，全都來不及看見，當時他規定每周交一篇大作文，每三天交一篇小作文，使其養成寫作的習慣。另一位是高三國文老師熊復光，由於趙淑敏的表現至爲卓越，時常留意她在報上發表的作品，當她的長篇小說「松花江的浪」在中副連載時，熊老師特別自美國寫信題字經中央日報轉交給她鼓勵嘉勉，他曾經予她最大發揮潛能的空間，包容她的一切歪論，充當思想論戰時的靶子，把栽培人才當作得意的樂趣，馬師是普渡衆生，她僅爲其中之一；熊師是特別加工磨鍊她一人，趙教授自稱一個人一生有一位這樣的老師就夠了，她碰上兩位。

而師大教授印象較深的有沙學淩、郭廷以和王德昭老師。

四、家世背景

趙淑敏係于一九三五年元月十七日誕生于北平，祖籍黑龍江肇東縣，乃父出身北京法政大學，爲大義凜然的法官。母親姓胡，擁有滿清正黃旗血統，曾是黑龍江女師的校花。趙淑敏有一姊四妹和一弟，各個都有成就，大姊淑俠遠嫁瑞士，以《我們的歌》蜚聲文壇，乃妹淑莊出身維也納音樂學院，一直在家傳授門徒。

少時受到戰亂影響，先後遊走過北京、天津、上海、重慶、香港等地，在重慶上小學，中學則念了四所，到台中女中插班和高中部入學考皆得榜首。大學考取台大和師大，鑑於師大享有公費待遇可分發任教中學，也就選擇就讀師大。

她結過兩次婚，一次是下嫁苦追她三年的教授魯傳鼎，師生戀愛由於風氣保守，魯氏竟被師大解聘。十五年前因肝硬化而去世。

一九八五年與其東北中山中學學長傅曄結婚，傅氏不幸于二〇〇二年病逝，令她哀傷逾恆，命途多舛奈何奈何！

五、寫作經歷

趙淑敏自稱從未讀過兒童讀物，早在重慶沙坪壩的時與潮書店裡就愛看成人書，寫作也未曾投過「青年園地」，自始即向一般副刊投稿，其心智之早熟由此可見一斑。

開始寫作的年代很早，一九五〇年代剛考上女中，年方十五，就寫出一篇「落葉」刊載於民聲日報副刊，未得稿費，偕友前往索取，竟受主編奚落，似乎認爲能把你的手稿印成鉛字就該偷笑，使其暗下決心，立志有朝一日成爲專業作家。翌年六月，以禾珠爲筆名，寫了一篇〈永恆的微笑〉發表于《戰鬥青年》雜誌三卷三期，得稿費新台幣四十元，受到莫大鼓勵。

九月間她模倣離亂中失兒的寡婦寫一篇祭兒文發表於中央日報婦女週刊，引起數十封安慰、示愛求偶的信，只好向主編坦承自己僅是一名十七歲的高中生，這是一樁可證明社會溫情，但也受窘的趣事。

一九六二年爲了給自己的心智尋求一條出路，考入中廣公司擔任特約撰稿人，協助「我們的家庭」節目撰寫〈模範家庭〉、〈歷史上偉大的愛情故事〉、〈廣播短篇小說〉等稿件，捧紅了主持人白茜如，後來覺得在既定的格式和遷就下寫作形同性靈和創作生命的桎梏，因而提出辭呈。

也就在一九六二年起，轉往師大國語中心任教，繼而又兼課於另兩所語文研習所，業餘之暇開始以魯艾爲筆名，向中央、聯合、徵信新聞報投稿。

一九七三年第一本散文集《屬於我的音符》由商務印書館出版。次年第一本短篇小說集《高處不勝寒》由黎明文化事業公司出版。一九七七年分別在台灣日報「家庭」版、中華日報每周一篇「筆陣」專欄，以及我所主編的《今日生活》每月一篇「不吐不快集」專欄。暑假過後，張任飛主持的婦女雜誌邀其撰寫旅遊見聞與心得，每月一篇約一萬字，使其得以暢抒所感。

一九七八年第五本短篇小說集《歸根》與乃姊趙淑俠首部小說集《西窗一夜雨》齊由道聲出版社出版，引爲文壇佳話。

一九七九年五月散文集《心海的回航》獲頒中興文藝獎，後知推薦人爲台大中文系主任葉慶炳，而她與葉氏僅爲泛泛文友。他在致詞時特向往昔著力栽培她的馬瑞珉老師在天之靈敬表感念，不意，當年乃姊所著「我們的歌」也獲中國文藝協會頒贈小說獎，兩姊妹頓時出足了風頭。

一九八〇年七月，散文集《採菊東籬下》由道聲出版社出版，首部傳記文《永遠與自然同在——吳稚暉傳》由台灣近代中國出版社出版。一九八一年《趙淑敏自選集》由黎明文化事業公司出版。一九八二年散文集《水調歌頭》由華欣出版社出版，以攝影家孫佩貞女士所拍「牡丹蓮」做爲封面，時隔半年，短篇小說集《離人心上秋》與乃姊的《落第》同時由道聲出版社出版。一九八四年第十五本作品散文集《乘著歌聲的翅膀》由九歌出版社出版，該書旋被北市府新聞處評選爲優良文藝著作。一九八五年九月長篇小說《松花江的浪》於中副連載完畢，道聲、純文學、大地三家爭取，拘於情面，思以道義不以個人利益考量，接受版稅最低的中央日報出版部出版。此書在撰寫時至爲辛苦，當時在東吳大學任教，前後三個半月，每晚由九時寫到凌晨三時，小睡三小時，始出發赴輔大任教。本爲計畫中的逆航三部曲之第一部，另兩部爲「揚子江的惆悵」、「淡水河的潮汐」，由於時局變化太大，已準備予以擱置，該書分別獲得文協的小說獎和文建會頒贈的國家文藝獎。一九七八年大陸的黑龍江文藝出版社也出了簡字版，可謂花開並蒂美事成雙。

一九八六年元月文集《短歌行》與乃姊的散文集《雪峰雲影》在同時由道聲出版社出版，姊妹步調如此一致令人側目。

一九九二年一月，散文《落日》獲大陸《芒種》雜誌頒贈一九八九至一九九一最優散文獎。次年九月短篇小說集「驚夢」由廣東花城出版社出版。

一九九四年元月，散文集《夢想一頂紅羅帳》由北京師大出版社出版，此書由集稿、編印至出版歷時一年餘，書出時已時移境遷，主客觀情況均已改變，使這本書變成一本需要多加說明的作品，使其頗感尷尬。

二〇〇〇年三月由北京人民文學出版社出版《葉底紅蓮》散文集，該書用最不炫目搶眼的紅蓮做封面，隱含葉底恬淡自歛雖豔卻謙的荷蓮，用之作爲自己文心與意境的註腳，同時也紀念在她十二歲那年把她引入眞正文學之門的啓蒙人，忘了名字的李老師。

六、作品舉隅

A、散文：趙淑敏的散文以清新、自然、簡潔、富節奏感見長。其鮮明之意識流溢於字裡行間，既有瀟灑豪邁之一面，也有柔麗嫵媚的特色。

1.《採菊東籬下》：此書顯示其成熟的思想和心繫鄉土崇尚自然的浪漫情懷，其風格率眞自然豪邁奔放，猶如品嘗一杯清冽的新茶，別有一番情趣和風味，她娓娓道來不掩飾不迴避。在平淡自然中顯示眞情。

她喜愛後山間的空氣和植物獨有的馨甜，在踽踽獨行中引出人生的感受，權與閒讓她選，一定選後者，由此表達其酷愛自由品格高潔的特質，她就是愛自由才去師大國語中心任教，教出日本駐巴西大使池田維和駐中大使阿南惟茂，感到十分欣慰。

她在作品中蘊含深情，縷述對生活的感受，婚後她爲家庭盟誓擱筆，做個全職家庭主婦，反而感到空虛和失望，重新走出「枷」的困境重新執筆，終於寫出名堂。

她眼光敏銳善感多思，見木麻黃挺立海邊防禦風沙，心有所感，她含英咀華，厚植學養，加上少時在沙坪壩養成的高踞頂樓覽觀人生大戲，培養透析人性的本領，才能寫出眞情洋溢的篇章。

2.《夢想一頂紅羅帳》：本書共分曾經滄海、美的謳歌，人間風景，溫暖親情，成長故事、生活絲絮等六輯。篇篇都有看頭。〈蓮霧〉一文，寫她吃了東青從樹上摘下的粉紅小燈籠之後，再不能接受蓮霧可以包裝在紙箱被運送的事實，她說：「我的蓮霧必須從樹上採下，直接入手進口，如其不然就缺乏那種情調，便是欠缺性格的無味之果，不想主動去接近。我以爲農業專家無論怎麼盡力改良品種，終不如我裙兜中那可愛的粉紅小燈籠。——多出塵拔俗的心靈啊！〈她在河邊洗衣裳〉一文，想到乃母在河邊洗衣裳的形影，母親遠去了，她卻牢記她的同伴回震在山間河上怡朗的音波，母親不會哈哈大笑，只是回眸低視淺淺的微嗔，這幅景象永不消失，烙印在她的記憶深處。

在「夢想一頂紅羅帳」一文中，她寫到台灣後，初次覺得粉紅色的暖窩比白羅紗的帳幕更好，可是當夫婿把她特別訂製如天幕般的圓頂羅紗帳作廢，甚得解脫之樂，可是感覺像睡在城門口的露天地兒一樣，足見帳子給她的是安全感，因此她嚮往能有一張鏤花的牙床，懸掛著水紅彩穗的暖帳。

3.《葉底紅蓮》：此書共分美的吟唱、青春歲月、深情款款、行過世界、人間況味等五輯。她將自然、人、國家統一在愛的柔媚、愛的溫馨是在南太平洋澳洲的多彩多姿的春天，在大自然景色的美妙、人心的淳厚熱情中體會到的，濃濃的人情味妝點了自然，自然又賦予人一派清醇的感覺。

趙淑敏自命爲五湖四海人，對家鄉的情牽意縈，對故園的懷念，眷顧仍縈繞心頭，最重要的是這種婉約轉輕柔是其眞情的流露、細膩的心情，微妙的感受，委婉的表述，無不體現出更眞實的一面。

4.水調歌頭：共爲卅九篇，分爲聲聲慢、清平調、大風歌三類，在某種程度上提示了她的風格，提供了一種根據，以此作根據仍有其相對的意味，因爲這種歸類打破其寫作的時間順序，力求在一種共時性的層面上進行面目風格的總結歸併，但別忘了歷史性的發展變化，儘管這種變化雖無截然的分界和標誌，每個散文作家都有自己主導的風格，但難免忽略其具體而微的現象。

趙淑敏自幼遍歷名山大川，見過大世界的壯麗，胸襟裝滿無形的山河和原野，遂造就作品中的大風歌，呈現豪邁豁達的風貌，展現深邃博大的天地。

自然與豁達顯示一種成熟，一種僅由銅板鐵琶的大風歌和小家碧玉的聲聲慢都無法體現的成熟，這種成熟並非機械的揉合，始能生動感人。

5.《乘著歌聲的翅膀》：趙淑敏的散文充滿樂趣，比如本書所寫，歌唱是快樂的象徵符號，她體驗到唱歌是生命的昇華，是行爲也是生存方式，是資稟也是賦予這情趣世界的回報，歌唱在她已近于所謂「高峰體驗」，唱歌是酣暢淋漓的快樂，是忘情無我的人生境界的象徵，唱歌使作者臻於壯麗莊嚴之美的境地合和而歌（合唱）的意義，已非快活二字所能形容。

6.《心海的回航》：本書曾獲一九八六年中興文藝獎，推薦人是台大中文系主任葉慶炳。全書流露作者的那分職業感情，每篇都有得自教書生涯的快樂與滿足，她說：「並非因爲教書是可以啖飯的手段，也非人之患的動機在作祟」，在她的體驗講壇的誘惑力遠比時間自由安閒舒適的家庭生活來得大，在此使你感受到職業生活與家庭生活融合成一體，父母心、師長心，職業道德、社會責任融成一片，那種幹一行怨一行的人，面對趙淑敏寧不愧煞？

7.《短歌行》：此書爲趙淑敏多年專欄寫作的集結，此書可稱爲專欄文章，又稱爲千字文，此類文章一般而言字數不多，在一個專欄內有一定的範圍和方向，某些嚴肅的文字或高雅小品，多半透過專欄而發表，做爲一名創作者，把作品拿出來面世，乃爲一種責任與義務，不但因爲寫作者必須有成績來向自我肯定，至少也能發生拋磚引玉的作用，擲出一片小小的石子，恐怕只能在人們的心海激起小小的水花，卻也發揮了文字的生命價值。

專欄在外形上短小精悍，言簡意賅，內容上天下地無所不包，其特色近似大陸的雜文，而無其尖銳，趙淑敏同時在幾家報刊開闢專欄，秉嚴正公平之筆，奉獻一得之愚，報效社會，誠屬難能可貴。

8.《小人物看大世界》：顧名思義，此書爲遊記的結集。

她欣喜於外面的世界給她散文作品煥發的新格調、新風貌，這只需將前後作品稍加比較便不難發現，她兩次旅行在其創作中烙下深深的印痕，早年隨父母足履過中國半壁河山，另一次獨行天下，人稱瘦小的身軀裝著博大胸懷，早期經歷對增長見識開闊胸懷，涵養性情大有裨益，中年走出寶島的影響視而不見，老年旅行印證實務與理論可謂一舉兩得。

9.《獨行天下》：一九七七年那次環球之旅並非完全快樂，投身于茫茫的異族人海，在異國土地上踽踽獨行，中國人情味的旅行，令人刻骨銘心，又叫人記得一生一世出了國門不管途經何處，下意識都要比一比，不如人家的地方眞不少，原本她要扮演中國快樂女的角色，後來心境卻始終灑脫不起來，甚至使她慨嘆：眞希望自己能麻木一點，竟然就玩得快樂多了，甜中帶苦的旅行帶來甜中帶苦的收穫。

B、長篇小說：《松花江的浪》（篇幅所限短篇小說從略）

本書全書二十一萬言，花費三個半月始寫成，但醞釀期長大二十年，爲逆航三部曲之一，下兩部爲《揚子江的惆悵》、《淡水河的潮汐》，由於時局的演變，已準備暫時擱置，看來趙淑敏可能步胡適的後塵，把中國哲學史大綱只寫成上册中下册從缺，顯示人生的無奈。

此書曾于一九八八年榮獲國家文藝獎，得獎時所獲評語爲：「用心消化醞釀，審愼剪裁，都能運用到恰到好處，這才是一本值得重視的好書。」評價之高不在話下。

寫作動機是在一次東北籍的故鄉人學長計議爲東北精神指一部影片的動議，大家公推趙淑敏教授貢獻一部文學作品充作電影故事，於是才著手這部長篇小說的構思和創作。所謂東北精神並不偏限於東三省，而是有著她自己的特殊理解和規定，遍及整個中華國土，是整個中華民族精神的凝聚和象徵，因爲天寬地闊的胸襟爲東北人的特徵。

所寫儘管是歷史，但在作者面對歷史的追懷和扣問中，融入他現實的生命感悟和思考。

此書以流亡的中山中學學生高金生爲敘述主體，以抗日義勇軍的發起和組織者之一的高亮之抗日活動和婚戀生活爲背景，展開了一幅生動的血光淚影的歷史圖卷，對高氏家族的興衰聚散爲支架，把國、家、人三位一體這一思想的貫穿，表現人物主體，對人物設置和刻劃起了關鍵作用。

本書雖是一部描寫抗日戰爭歷史題材之作，但不以戰爭爆發和結束的時間爲起止，不是寫到一九四五年八月日軍無條件投降，而是寫到珍珠港事件爆發中國開始大反攻爲止。全書重在寫人而非事件，主要人物高亮犧牲、江心怡變成熟、高金生赴戰場，完成自己的創意即告落幕，最後江心怡率衆走出教室，像一輪紅日光芒四射昇起在地平線，預示一個偉大的新生，一個新時代的開始，發人遐思。

她以相當篇幅描寫抗日隊伍的故事，以主人翁高亮爲首的一群愛國青年組成一千人的抗日隊伍，宋德全的工廠好幾百個工人，朱文亮捐出大批糧食，他們攻堡壘拔據點，在戰鬥中高亮負傷，在家養傷療傷而後開始逃亡，化妝從東北渡天津而北京，經香港至重慶，展開戰爭硝煙下的生活畫面。陶美弟臨終要求與高金生互贈青髮的情節至爲感人。高亮以經商爲掩護回到東北從事地下工作，因叛徒告密而被捕，日寇勸降被拒，敵人用熱水澆他，在冰天雪地凍他，用他作練刺刀的靶子，他之爲國赴義令人感動。

世無十全十美之書，本書亦然，出現兩個小瑕疵：

(1)對於高鐵屏的抗日活動的描寫，主要出之以高亮之侄兒高金生的視角，就大大地侷限了小說的敘事，遣詞行文中難免予人隔閡之感，無法充分描繪出那大時代的眞正悲壯。

(2)由於未曾親身經歷，對於許多細節的描寫，如高亮如何具體組織義勇軍，深入虎穴將土匪變爲抗日助力，臨終時如何與日寇正面抗爭，如何英勇就義，這些作爲英雄人物的血液之細節未能生動展示，厥爲美中不足之處。

七、結語

趙淑敏嘗謂：「文學是情之所鍾，歷史是義之所趨。」在台灣的學者型作家之中，以她的成就最爲可觀，四十五歲就當上教授，一九八二年出版的《中國海關史》，啓動大陸的研究風潮，被評爲用中文寫的第一部海關史。

一九九五年九月鄭州大學爲其舉辦趙淑敏作品國際研討會獲致極高的評價，大陸共有五所大學聘她擔任講座教授。

我發現年逾古稀的她，有一雙充滿智慧、慈愛而深邃的眼睛，在她的作品中流露出職業生活與家庭生活融成一片，父母心、師長心，職業道德與社會責任感融會無間。可佩的是，趙淑敏雖已退休，仍不定期爲青年副刊寫文章，也爲文薈雙週刊寫「文心素描」專欄，爲僑報寫「人間潮汐」專欄，堪稱退而不休矣！

最後謹以七律乙首聊申微忱：

岐嶷高才志意修，人間又見易安儔。

便便腹笥恢儒效，翼翼心田種德稠。

學識通人無限藝，儉廉處事有清謳。

蘭薰桂馥償心願，絳帳誼深最解愁。

（九七、元、一九寫於台北）

（本篇全文八千字，部份節刊于國語日報書和人專刊第二一〇期；部份節刊於今日生活三九二期）

馮馮遺著《霧航—媽媽不要哭》評介

一、引言

最近花費一個月時間細讀旅加名作家馮馮的九十萬言自傳小說——《霧航——媽媽不要哭》，深受感動，覺其上冊苦，中冊悲，下冊喜，整體而言，予人「寧爲太平狗莫作亂世人」的感受。

二、傳略

馮馮一生擁有多重身分，包括：嶺南大學學生、海軍官校學生、共諜疑犯、總統譯官、路邊乞丐、火車站擦鞋童、騎樓下難民、三輪車夫、農場勞工、豬奴、編譯官、連絡官、文學作家、傑出青年、文學獎得主、一片明星，最令人感到辛酸的是在被開除兵籍之前，還被抓去用刑，以致傷了指骨，而初抵加拿大時，爲了餬口維生，必須在雪地中的街頭巷道拾荒，必須在半夜就出門，若到天明可能被人搶去，子夜時分大雪紛飛，攝氏零下十五至十八度的酷寒之中，他推著手車彳亍而行，怎不令人爲之落淚。

馮馮本名馮培德，字士雄，筆名馮馮，一九三五年四月五日生于廣州（軍方記載爲一九三一年），生父姓名不詳，據書中描述可能爲黃埔軍校的烏克蘭籍騎術教官。母親張鳳儀爲廣西人，繼父馮竹，爲廣東人，出身日本士官學校曾任黃埔軍校教官及器械所所長，抗戰勝利後解甲歸田。

四至六歲隨母由廣州逃往廣西避難，一九四一年七歲就讀桂林市省立模範小學，跳級念四年級，半年後日軍猛攻桂林，又再上路逃難，一九四四年十歲就讀曲江市黃埔中心幼年學校，其時乃母因照顧已患三期肺病的乃父侄兒而染患了肺結核，臥病就醫，不久又遭日本機群狂炸，大火三十里，曲江陷落。十一歲就讀龍南中學，跳級念上初中二春季班，一九四五年日本無條件投降，考入龍川中學高一，本可升上高二，只因乃父得罪一位梁姓軍訓教官，將其軍訓成績打爲五十八分，被迫留級一年。

一九四八年十四歲，九月一日升上培正中學高三，趁高三上學期舉行畢業旅行，與兩百名同學搭火車遊杭州西湖與上海。

一九四五年十五歲高三畢業，考上嶺南大學醫學院，只讀五天就因觸怒乃父，竟持槍意欲格殺他，只好虛報十九歲，進入海軍官校四三年班在黃埔軍校入伍，十一月一日乘崑崙號軍艦抵台赴左營海軍官校正式受訓，是年十二月十二日因寫信給廣州問候母親，信件爲海軍指導員截取，誣爲共諜，洩漏軍機，押交海軍情報處，囚禁于鳳山招待所，與副艦長俞信同囚一小房間，時隔三年，轉囚澎湖山洞，一九五三年轉送員林反共先鋒訓練營第三期基地秘密牢獄山洞，備受刑求與凌辱，兩度自殺未果，後因常流鼻血疑爲罹患鼻咽癌，請假未准即私自逃往台北陸軍總醫院檢查而被海軍官校拒收，貶爲陸戰隊二等兵，開除理由爲「精神失常」，爲白色恐怖時代，對政治犯的通稱罪名，一九五五年十二月下旬，流浪台北火車站在新公園路邊小食攤乞求殘食當起擦鞋童，露宿街頭，其後棲身中和某農場養豬幹活。翌年獲得預備軍官適任證書，核定適任編譯少尉。被調回海軍以少尉任用，三年後請求調回台北，便改派陸軍。

一九五七年二十三歲，離開中和農場，再度流浪台北火車站當擦鞋童，同年考取國防部外事編譯榜首任少尉編譯預備軍官三年。一九五八年八二三砲戰，任海軍翻譯官有功獲頒國軍模範。一九五九年海軍官校補發除名證書，取得身分證戶口名簿，申請母親來台，安家租戶于中和農場豬舍竹棚。一九六〇年二十六歲，國防部下召集令延長役期三年，始得進入總統府替蔣介石和蔣經國擔任法語翻譯。

一九六一年二十七歲，開始展現文學創作和翻譯的功力，先爲墨人英譯短篇小說〈馬腳〉，膺選奧地利世界最佳動物小說選集。次年，以〈苦待〉一篇榮獲《自由談》徵文獎第一名、獎金一千五百元，並以英文撰寫〈苦待〉，膺選奧地利世界最佳愛情小說選集。同年，榮獲國防部頒發國軍模範榮譽獎狀、風景獎章與績學獎章，一九六四年三十歲，爲皇冠雜誌出版百萬言小說——《微曦》，一期刊行十五萬字，給予二萬元酬勞，對馮馮而言不啻及時雨。也獲嘉新獎學金。

退役後成爲後備軍人，任職美軍顧問團海軍組譯官，某日東吳大學校長石美瑜賞識其英文素養，聘其出任英國文學課兼任講師，頓時轟動學界。一九六五年三月十八日，皇冠再爲其出版《青鳥》與《昨夜星辰》。五月間爲邵氏拍攝「美目王子」影片，孰料放映三天即告下片，尷尬至極。

一九六五年十二月，曾一度成爲總統的譯官，爲外國元首、貴賓翻譯英法西等國語言，升任上尉，又以寫作獲獎，風頭之健無出其右者，旋即受妒，海軍情報處與國安局決意重新調查舊案，擬將其送往火燒島囚禁，幸虧蔣經國事先通風報信，迫其潛離台灣。他的美國顧問團長官約翰拔特利將其頭髮染紅，由後門逃逸，而後由美軍軍艦載往日本，再到加拿大尋求政治庇護。不久逃至溫哥華，後來成爲加拿大公民。

拔特利調往越南後，得悉其初抵加拿大生活無著落，特別匯寄二千五百元美金，供其購屋並迎養老母，此後四十年一直隱居海外，除任溫哥華大漢公報總編輯外，全力爲僑民免費義診，因其在嶺南大學醫學院讀過，具有隔空抓藥的本領。

多年來他出版過《紫色北極光》、《空虛的雲》等二三十本小說。一九九〇年他在北京演奏現代佛教聖樂一舉成名，一九九六年在莫斯科音樂學院演奏其作品〈水仙少年〉交響詩印象派，震驚俄京，連總統葉爾欽都成爲他的粉絲。一九九七年獲得烏克蘭國家音樂學院頒贈榮譽博士學位，達到他一生事業最高峰。

二〇〇六年寫成《趣味的新思維歷史故事》。後經醫院診斷罹患胰臟癌，特地回台療養，於二〇〇七年四月十八日病逝慈濟醫院台北分院，結束其傳奇式的一生。

三、本書特色

1.**補正史之不足**：一般人只知南京大屠殺日軍殺害三十萬名中國人；重慶大轟炸某一防空洞因洞口倒塌，死了三萬人，殊不知日軍轟炸曲江也死了三萬多人。

2.**孝心感人**：日軍轟炸廣州時，乃母攜其避難赴港，孰料因其照顧乃父罹患肺病第三期的侄兒而受到感染病況惡化送入省立醫院，馮馮被乃父送入幼年軍校，他常偷出營區去探望乃母，越過二條河流、兩座浮橋、一座山丘、一座墳場，一共走上兩小時才趕到醫院，爲乃母煮粥並餵她，其時他只有八歲。而乃母臨終前六個月，他已是七旬老人，每天二十四小時照料乃母，餵食、餵水、餵藥、處理大小便，每隔三分鐘都在呻吟悲叫，使其不得闔眼，累得筋疲力竭。

3.**施惠無念受恩莫忘**：馮馮一生喜遇幾位貴人，一爲美軍顧問團海軍組上尉軍官約翰拔特利，當其獲悉情治人員蓄意逮捕馮馮送往火燒島囚禁時，刻意將其頭髮染紅，讓他由後門逃出。而蔣經國兩度探訪，一次是錦上添花，一次是雪中送炭，前者對其自修六七國語言，深表嘉許。對其在農場邊工作邊寫作竟能寫出百萬言小說「微曦」而當選十大傑出青年，至爲難能可貴。後者蔣經國聽到情治單位擬再拘捕他立即前往通風報信，因前此蔣經國曾經受惠于他，馮馮曾告以患了糖尿病應多吃素食，果然十分應驗，故蔣氏特地予以致謝。證明蔣經國是個富于人情味的官員。他旅加數十年，爲人義診救活數百人，算是施惠無念者矣。

4.**善用伏筆**：在本書一四五〇頁之中，隨處可見伏筆。比如一般嬰兒都是頭先生出來，他卻是兩腳先出來，而且在垃圾桶中被揀回，顯示他一生就得遭受苦難折磨。蔣經國之出面營救他，是因馮馮幾次在國防部會議中爲蔣氏口譯，可能留給他良好印象。馮馮當選十大傑出青年，蔣氏刻意親赴成功新村致贈乃母一盒燕窩，一箱維他命和一些水果。後來情勢危急，才會通風報信。當初乃父促其念空軍幼校，乃母勸他念嶺南大學醫學院，由她充任護士供應學費，馮馮則想赴香港念師範學校，後來共軍緊逼廣州，經人慫恿虛報五歲報考海軍官校，本因衣衫不整又有鬥雞眼險被淘汰，他千託萬請求人准予入學，以爲找到報效國家的一條好路，殊不知一念之差造成一生的不幸。

5.**急中生智**：在九連山腳的連平山城避難時，乃母唯恐遭到土匪洗劫，叫他將錢藏在腳底，到了車站才有錢買湯麵、一杯水和車票。某日黃埠全村都患瘧疾，全村之人都在打擺子，村民歸咎乃父馮勛丟掉神主牌才會傳染瘧疾，示威抗議，要求乃父叩頭謝罪。當護士長的乃母命馮馮趕快去拿兩枝步槍來，誰知忙中有錯，拿來士兵上山打獵的獵槍且槍膛未裝子彈，乃母沒注意到，她兩手舉起遙指群衆叫道：「瞄準他們」並說：「打擺子並非什麼鬼神降禍，只要撲滅毒蚊、清除污水的孑孓，就可以根治，我們已向上級申請殺蚊DDT，一運到就可立即展開滅蚊了。」村民聞言改變態度：「好吧！算你會說。」

6.**無師自通**：他在文學和音樂上的成就，全賴平日的積學，在龍南中學和培正高中就讀時，曾利用課餘細讀傅雷翻譯的羅曼羅蘭名著約翰克利斯朵夫六冊，對三國水滸也曾用心研究過，也嗜讀魯迅、老舍文集、六朝文賦乃至唐詩宋詞，都曾涉獵。培養了用字遣詞、鍛鍊章句的本領。新聞局原設有法語譯員，稱爲專員，其中也有留法的學生，也有各大學法文系學生，他們的法語雖好，但經驗不足，人數太少忙不過來，遂使他脫穎而出，漸漸取代原有的法語譯員，並非他的法語能力比他們好，只因他反應敏捷，翻譯得很迅速，得力於自幼兒時代跟隨法國神父修女所學的法語發音比較像法人所說，因此而受歡迎。不過坐在老蔣身後的小椅子爲他翻譯很不好受，他那浙江奉化口音，比什麼都難聽得懂，他那不怒而威的態度，使他發抖冒冷汗。

至於音樂，先從自修樂理書，學些基本樂理，研讀名家的作曲樂譜，天天聽古典音樂，因爲家貧，從未跟老師學過。

起初，毫無音樂素養的馮馮，在書店買了一些英文的初步樂理和初級交響樂的寫曲方法之類，他在陋室中的燈光下苦讀，不時回憶起台北火車站和高雄火車站播放的暝想曲和別離曲，懷念著老友祖義和拔特利，把那些感慨懷念之情，用音符寫了下來，當然很幼稚，甚至連五線譜也沒有，必須自行畫譜，有時思念母親淚滴譜紙；有時感懷身世淒涼筆下旋律不免哀怨迴腸了，這樣對著書本學習和聲和配器居然寫成三四百個樂章的交響曲，稱之爲第一交響曲，沒給標題其實是寓情寄愁，沒有名家作品的味道，倒有柴可夫斯基第九號悲愴交響曲的影子，但也不敢公開，沒受音樂教育，又不會彈奏任何樂器，曾于攝氏零下十五度拿去請教一名指揮家，等了一小時幾乎凍僵了，他奉勸馮馮：別做夢了去學一門手藝維生吧；後來會在北京中央電視台和莫斯科音樂學院受到青睞，的確意想不到。

四、本書的小瑕疵

本書在敘事、寫景、抒情都有過人之處，惜篇幅過長，難免出現小瑕疵：

*1.*某些段落有違近詳遠略的原則：六歲以前大都幼稚無知，即使有些印象也是模糊不清，實不必花費數萬言篇幅去描述，大致上幾千字帶過即可，把重點放在大陸、台灣、加拿大、蘇聯四個部分即可。

*2.*約定俗成的譯名不應更動：如賈利古柏、佛蘭克辛納屈、平克勞斯貝、拉娜透納都有固定的譯法，不必另行更動，使人眼花撩亂。

*3.*道聽塗說之敘述偶爾出現：如謂二二八事件死傷十萬人，白軍殺害紅軍數十萬人，在在有待查證。

*4.*全書區分爲二二三段，未標明綱目，事後查閱極爲不便。不啻爲一大敗筆。

五、結　語

馮馮堪稱百年罕見的奇才逸士，期望大導演李安能將霧航托人寫成劇本，再拍攝成電影，背景涉及台灣、大陸、加拿大、蘇聯、美國，可引起國際人士的矚目，也許再創億元票房也未可知。（本篇全文一萬字部份節刊中外雜誌四九六期；部份節刊「今日生活」三九八期）

評〈八十年代與女性小說書寫〉

拜讀陳碧月教授這篇鴻文，可謂綱舉目張條分縷析，猶如描繪出八十年代女性文壇的一幅鳥瞰圖，令人對女性文壇的各種面貌有著深入的瞭解。我雖然偶爾在報章雜誌發表一些文評或書評，率皆卑之無甚高論，但欲求評騭陳教授的大作，不由得興起歐陽修所謂「思其力之所不及憂其智之所不能」的感喟。只能就所思所感略作回應而已。就我觀察，八十年代堪稱台灣女作家之黃金年代（有如春秋戰國的百家爭鳴各擅勝場），據一位女作家告訴我，在前四年，她每年所獲版稅收入將近二百萬元，比起大學教授乃至企業界的中級管理人員毫不遜色。陳教授說八十年代的女性文壇由平面化進入多元化和色彩化，我認爲應該稱之爲異味化或立體化較爲合宜，因爲當時各種素材皆可融入。

陳教授對女作家的的分類我不表苟同，她似乎以一本作品作爲作家的封號，犯了削足適履和以偏概全的弊病，比如女強人「朱秀娟」，只因她寫了一本暢銷書《女強人》，其實在文壇上比朱秀娟更爲強勢的女作家屢見不鮮。至於眷村作家，除了朱天文、朱天心兩姊妹外，蘇偉貞、袁瓊瓊也涵蓋在內。

我想依職業屬性可分爲專業作家與非專業作家，前者包括廖輝英、袁瓊瓊、楊小雲等；

後者包括朱秀娟（經營貿易公司）、蘇偉貞（聯合報編輯）、蕭颯（本職爲小學教師）、李昂（本職爲文化大學副教授）。其次可依其寫作路線、作品風格特色，倣效盛唐詩人之區分爲邊塞派、田園派、社會派、浪漫派，台灣女作家可區分爲寫實派：廖輝英；新潮派：李昂；社會派：蕭颯；保守派：楊小雲；創新派：袁瓊瓊、蘇偉貞，野叟獻曝，不夠成熟，質之陳教授以爲然否？

再者，陳教授臚列八〇年代女作家，出現遺珠之憾，竟未將曾以《水手之妻》蜚聲文壇的楊小雲列入，令人爲本名鄭玉岫的她叫屈。楊小雲寫作近半世紀，《水手之妻》爲其代表作，先後發行五十版，約有二十萬讀者，其影響力之大不難想見。另一說部《無情海》榮獲中興文藝獎，少女時代曾被柏楊譽爲中國的莎崗，她有三部小說被三台拍成連續劇，包括《那三個女人》（台視）；《她的成長》（中視）；《蘭姨和她的房客》（華視），目前雖較多寫散文專書，但仍擁有一年出一本小說的毅力。

陳教授之所以跳過楊小雲，可能由於目前坊間較常出現她的散文集，其次，可能她寫的《水手之妻》，展現樂爲人妻的喜悅，既不顛覆母職，也不顛覆父權，有別於其他作家的趕時髦、拼前衛，也未可知。

陳教授的論文，可謂四平八穩，偏重陳述，而較少評騭，比如對女作家的影響力乃至排行榜，鮮見著墨，不無遺憾。

一般而言，三〇年代女作家以張愛玲獨領風騷，呈現六〇年代則由瓊瑤獨樹一幟，至今其唯美及超現實的愛情模式仍撼人心弦，八〇年代則群雌並立、各擁山頭的局面，無寧是文壇的可喜現象，究竟誰的影響力較大，厥爲耐人尋味的話題。盼望女作家也能仿效男作家白先勇、王文興琢磨出《孽子》和《家變》兩部曠世傑作，在文壇大放異彩。

愚見以爲，八〇年代的台灣女作家，其排行榜大致如下：

1.李昂，著有《殺夫》《暗夜》等二十本小說，銷售量約在一百萬冊，《暗夜》曾由「但漢章」拍成電影。2.廖輝英，著有《油麻菜子》等二十本小說，銷量約爲六、七十萬本。3.朱天文，成名作《小畢的故事》、近作《荒人手記》獲中國時報百萬小說獎，銷售量約爲五、六十萬本。4.蕭颯，著有《我兒漢生》《我就這樣過了一生》，均拍成影片，原先與夫婿張毅（導演）、楊惠珊（演員）形成鐵三角，其後，張、蕭鬧婚變始告拆夥。5.楊小雲，成名作《水手之妻》，爲九歌出版社特約作家，銷售量約爲五十萬本。6.蕭麗紅，代表作《千江有水千江月》，銷售量約爲四十萬冊左右。

李昂近日榮獲法國文化藝術騎士勳章，肯定其在文壇上的地位，成名作《殺夫》曾榮獲聯合報中篇小說獎，李昂循著女性主義的議論，透露了傳統社會對女身體、法律及經濟地位的操控，這種仇視女性的態度，終以性的暴力行爲演繹出來。

林市所不能說的，李昂代她寫下千言萬語，全書描寫女性與宗法結構的衝突，在物質匱乏的社會中，飲食與男女成爲傾軋身體的殘酷機制，陳江水飽暖思淫慾，對林市予取予求，而林市爲了吃一口飽飯而百般忍受他的攻擊，林市永遠是飢餓的，當這一生存的本能感到威脅，她其他的自衛需求只有等而下之，而陳江水也似乎總是飢餓的，他對女體的需求永遠不饜足，此種兩性關係，何其慘淡恐怖，種下陳江水被殺的伏筆。

當然，唯一敗筆是李昂犯了概念先行的毛病，人物平板，情節失眞，不夠寫實。有人指出《殺夫》的背景套自已故作家兼詩人陳定山的《春申舊聞》，李昂將背景由上海移至鹿港，並非出自原創。

李昂另一爭議性作品——《北港香爐人人揷》，多人嫌其文字太過粗糙，情節太過荒唐，又因陳文茜的對號入座，引發該書大賣，這也是台灣文壇怪現象之一。

我覺得書名取得不好，易於令人引起「人盡可夫」的隱喻之聯想，她卻辯白說，此題取自台灣諺語如：「路邊野花人人採」、「園中甘蔗人人剉」，我覺得大有商榷之餘地。

一個好題目必須能使讀者感覺興趣，一看到題目就樂於將全篇小說讀完。有些小說寫得並不壞，但因題目太通俗太平淡、太不惹眼，埋沒了作品的內容，引不起人的注意。

題目越短越好，用字不怕普通，在組合中卻要顯出新意來。最好能由小說情節的最高潮之「動作」取名，而能予人深刻印象。

英國小說家莫理遜有一篇〈西蒙這個壞東西〉，內容好，題目也好，大家都很想看一看這個西蒙究竟是怎樣的壞法。值得李昂再版時作爲重新取書名的參考。

《北港香爐人人揷》小說分爲兩部分，上半部敘述女子林麗姿從事黨外運動，爲了慰勞鬥士，遍施雨露，卻被那些得了便宜又賣乖的男人嘲爲北港香爐。下篇香爐發威，成了民意代表，但她的大膽言行，又讓自命正派的女性團體視爲蛇蠍，性感尤物變成復仇女神，這樣的情節著實道破豪放女性從政的盲點與困境。

李昂敢於描寫林麗姿的性交僻好和淫聲浪叫，彷彿是在編寫一齣A片劇本。無怪乎她的稱號已由昔日著名的小魔女一變而爲豪放女。

另有一篇〈人間世〉，也引起爭議，描寫對性一無所知的女大學生知嚐禁果後，茫茫然告訴室友她的經歷，幾經輾轉傳到訓導處，因爲嚴重違反校規，女學生與男友被處分退學。乃母來校領回她時，竟當衆掌摑她一巴掌並大罵她下賤。續到此處不由得令人捶胸頓足，李昂太過低估大學生的ＩＱ，在高中已讀過生理衛生，難道對性會一無所知嗎。語云：「虎毒不食子」，母親再怎麼責難女兒，會不顧其情面，當衆予以掌摑嗎？西洋文學評論家常說小說有六大要素，一爲三C，一爲三S，前者爲衝突、危機、高潮；後者爲懸疑、過程、滿意，盼望李昂日後寫書時多多顧慮讀者的滿意度，別再出現邊讀邊罵的現象。

另一位極具影響力的女作家是廖輝英。出身台大中文系，可能是當今文壇上罕見的科班出身者。從事傳播工作十餘年，被譽爲傑出廣告人、社會觀察家，曾獲聯合報小說獎，從此一登龍門成爲炙手可熱之作家。她的作品篇篇與時代脈動，公認是社會性最強、共鳴性最大的作家之一，作品多部被改拍成電影電視，曾獲金馬獎改編劇本獎。著有《輾轉紅蓮》《月影》等十二部小說。

民國七十一年她的成名作《油麻菜子》竟是無心插柳，且是絕處逢生之作。當時她陷入人生的谷底，懷孕很不順利，爲了保住胎兒，醫生建議她辭掉工作，又遇上房地產創業失敗，欠了一堆債，在失業之餘，姑妄一試參加時報文學獎的報名，原本姑且一試竟一舉成名。

她對每一篇作品由構思到完成、佈局、人物的剖析，乃至時代背景的考察、氣氛的營造和主題的呈現都很用心。她的作品最大特色是時間流程中滄桑的感覺。

她目前每月處理讀者的難題至少十來件，成爲文壇上的張老師，她不願將讀者的來信當成寫作的題材，因爲若將案例寫成小說，有如犯了偷窺的罪過，於心不安。

她寫小說強調淑世作用，素材多元化，比如母女之間愛恨交加的是《油麻菜子》；寫外遇的有《不歸路》；寫婆媳問題的是《盲點》；寫都會愛情的是「都市候鳥」。

令人擔心的是她在螢光幕上曝光率甚高，是否失去神秘性，抑或經常聽到她的論述而減低購買其書的意念呢？同時談話性的節目、命理風水及類似八卦性的節目，是否應善加選擇而非照單全收呢？

陳教授提到大陸作家衛慧作品《上海寶貝》只說它是個人主義作品，而一語帶過，我覺得對於這部譯成法、日、德、義、美等五國文字，暢銷百萬冊的小說不應予以低估，有人覺其寫得不比李昂的《北港香爐人人插》差不無道理。

李昂筆下的女性是擺脫原先遮掩壓抑、縛手縛腳、侷促不安的蛻變，以身體情慾來重塑台灣歷史的女強人，其人物性格扁平，而文字粗糙浮淺，概念先行而導致釜鑿痕跡處處，而衛慧筆下的人物性格較爲突出，她描寫上海寶貝經濟自主，進而思考獨立，最後取得性的主導權，頗爲引人入勝。《上海寶貝》以都會女子倪可的性愛生活爲主體，有別於以往女作家採取被動描寫，而改採積極追求性的樂趣。倪可周旋于畢天天和馬克之間，前者因吸毒而頹唐不堪，一度戒毒成功，後又受人誘惑，毒癮復發而致病。馬克則被調回德國柏林總部，令她黯然神傷不已。似在譴責倪可的縱慾恣肆、玩火自焚。

主線之外，另有幾條支線，即朱砂與李偉明，馬當娜與阿Dick，及唐妮與胡安的離合，令人讀來頓興蕩氣迴腸之感。

當然，書中也有一些敗筆。比如有一女子，因新婚初夜感到疼痛不已，竟發誓終生不再與丈夫行房，委實有悖情理，人的陰莖又沒有帶刺，怎可視同毒蛇猛獸。

陳教授在文中指出，八〇年代女作家已面臨平穩自信的境地，我看自信是有，平穩未必，在象牙塔頂端，擁有高學歷的女性，固然可與男性平起平坐，不分軒輊，但教育程度較低者仍屬弱勢團體，她們承受家庭和職場上的雙重壓力，苦不堪言。心理不平衡者比比皆是。

最後，我要爲台灣女作家們借箸代籌，目前最大的隱憂是：一、假作家充斥：明星歌星請打手寫書的怪現象日益猖獗，搶去女作家的飯碗。二、版稅或稿酬不增反減：日本在三十年前三浦菱子的《冰點》奪獲一千萬（台幣二五〇萬）獎金，台灣始終停留在一百萬，日人按頁計算稿酬，台灣則按字計酬，最近連標點都要扣除。簡直不可同日而語。三、難與國際接軌：迄今只見李昂的《殺夫》譯成日法文，其餘付諸缺如，建議文建會，倣照日本設立翻譯局，譯介女作家作品登上國際文壇，提昇女作家之地位。